CHIEF FINANCIAL OFFICER

会計参謀

会計を戦略に活用する

Utilizing Accounting
Into Strategy

▲ → ○

公認会計士
谷口　学
Satoshi Taniguchi

中央経済社

はじめに

日本企業の経営には会計的思考が欠如しているのではないか。

企業の会計監査や経営再建中の会社の戦略部、公開準備会社のＣＦＯ（最高財務責任者）や財務顧問など、会計で企業を支える仕事に従事して19年、多くの企業の内幕を見て、私が感じる日本企業の弱点である。

日本の製造業が世界のマーケットを席巻した高度成長期の成功体験がいつまでも拭えず、事業拡大に向けた慣性は容易に働くが、不採算事業を冷静に見極め、赤字事業を早期に抑え込むことには腰が引ける。組織の老成が進む中で、市場が低成長に転じた状況下での「守り」の経営にはからきし弱いのである。

パナソニックやシャープといった、10年前まで勝ち組と称されていた企業の決算が深く沈み、その構造改革が延々と続いている。東芝に至っては粉飾決算を組織的に隠ぺいし、会計に正面から向き合うことすら拒んできた。

常日頃から連結グループの隅々まで会計数値による情報網を張り巡らせ、投資効率や利益率の変化に準備万端、眼を光らせていれば、ここまで経営再建が出遅れることはなかった…。そんな局面に幾度となく直面してきた。

会計的思考とは一言で言えば、「会社を知る」ということである。客観的に会社の現状を知り、将来の会社の状態を予測する。会計数値とは、船の航行に例えれば、進む方向を指し示す羅針盤であり、風速計であり、燃料計である。さまざまな計器が情報をコックピットに映し出し、航海の目的に合った最善手を打つ判断根拠となる。

ところが、経営再建が必要となった会社で経営者にインタビューを行うと、彼らが語る赤字の理由は往々にして外部環境の急激な変化や自社リソースの不足であり、一様に観念的である。不振事業の投資効率や原価構成、資金調達の現況など、基本的な会計数値を尋ねても、まともな答えが返ってくることはまずない。中には会計的思考の欠如から、資金難に陥ってもなお、未だに経営難という実感を持てない経営者も多い。会社が現在どのような状況に置かれているか、それを正しく認識する手段を持っていないのである。ただ今は、キャッシュが足りないだけで、いずれは利益がついてくると信じている。しかし、企業が繰り返し資金ショートを起こす場合、根はそれほど浅くはない。

現状認識が曖昧かつ楽観的だから、その改善策も真剣に議論されることはない。経営理念が散りばめられた抽象的な中期経営計画が繰り返し策定され、そして最後の時へと突き進んで行くのである。

そんな不採算事業会社の再生には大きな経営戦略の転換が求められる。多くの場合、長年赤字であった事業を黒字転換するという大仕事が、小手先の経費削減で達成できることはなく、事業分野の「選択と集中」や営業方針の根本的な見直しが求められる。そのような経営戦略の大転換は、会社の現状を正確に知り、そして会社の将来像を明確に共有するプロセスを経ずにできることではない。そのプロセスにおいて、会計は利害関係者の認識をまとめる共通言語として重要な役割を担う。

特に連結売上高が数百億円以上の企業グループになると，事業領域や販売地域が複数にわたってコングロマリット（複合事業体）を形成している。どのように経営者が現場主義を貫いても，すべての事業を細部まで理解し，意思決定することがかなわない規模となる。自らの実経験だけでは現場の経営判断にリアリティが持てない危険な経営規模である。このようになると経営管理体制を精巧に作り上げて，正しい情報を入手しなければ経営判断を誤ってしまう。

無論，会計数値を丁寧に拾い上げたからといって，経営戦略で常勝するわけではない。企業経営において急激な外部環境の変化や不測の事態は，当然起こるもので，そのような不確実性の中を飛び続けることが企業，そして経営者の宿命である。どのように経営管理体制を整えても，避けられない投資の失敗，損失の発生は必ずある。

しかしそのような場合でも，会社に経営管理体制がしっかりと根付いていれば，大きな利点がある。それは経営者に対して客観的な情報伝達が遅滞なく行われるという，情報の適時入手である。そして経営者はその客観的な会計数値に基づき，緊急を要する事案に優先的に経営資源を投入し，問題解決を図ることができる。それは「事業のトリアージ」というべきもので，自然災害時にすばやく正確に被害の情報を収集し，優先順位を付けて救急活動にあたることと本質的には変わらない。

会計分野では，主に経営者や事業責任者が会社の現状を会計的に分析し，将来の意思決定のために活用する領域を管理会計（Managerial Accounting），一方，会社の財政状態や経営成績などを会計基準に従って社外の利害関係者（投資家や債権者）に報告する領域を財務会計（Financial

Accounting）として区分してきた。

企業の目的は通常、財務会計で計上される企業利益を最大化することにあり、そのために管理会計を駆使して、最適な経営戦略を立案する。その意味で財務会計と管理会計は密接に関連しており、実務的には切っても切れない関係にある。

例えば、取締役会で新たな投資案件を決議するにあたって、複数の投資案から将来のキャッシュフローや回収期間を考慮して最適案を選択する領域は管理会計に属するが、同時に対外的な説明責任を負う経営者にとって、その投資案が財務会計ではいつ、いくらの経常利益につながるかは重要な判断材料である。管理会計はあくまで財務会計の利益を極大化するための経営戦略の技術的手法である。

しかしどういうわけか、日本企業ではこの財務会計と管理会計が断絶している例をよく見る。例えば、財務会計は経理部で日々粛々と進み、決算発表にこぎつける。一方で、管理会計による戦略機能は戦略部で担われ、両部門で十分に会計数値や戦略立案のプロセスが共有されていないのである。その結果、戦略部が作成した資料には投資案を実行した際の財務会計への影響が抜け落ちていたり、普段の経営管理から得られる会計数値が戦略策定に十分に活用されていなかったりする。

そのような会社に出くわすと、私はつくづく「勿体ない」と感じる。自社の中に経営戦略や資金調達における説明責任の精度を高める宝の山があるにもかかわらず、それを積極的に活用できていないからである。

本書はその財務会計と経営戦略の「間」を明らかにすることをテーマとしており、その「間」に位置するのが管理会計にほかならない。そして、それは財務会計や戦略立案ツールと結び付いて機能している。経営戦略の立案に際して、いかに会計数値を取り扱えば企業価値を高めることが可能か。

　現代企業において、その最適解を追求する職責を負うのが最高財務責任者（ＣＦＯ＝Chief Financial Officer）である。経営者のそばにいて、経営管理を統括し、会計の専門知識を駆使して経営戦略に必要な情報や公理を提供する。

　そのような会計と経営戦略をつなぐ、いわば「会計参謀」というべき経営人材は会社の行く末を左右する。経営環境が激しく変化する潮流の中で、自社の経営状態を適切に把握し、信頼性の高い情報をもとに最適な経営戦略を追求する。必要とあれば、大胆な経営戦略のパラダイムシフトも辞さない経営姿勢。それを背後から合理的に支える会計データと問題解決のプロセス。生存をかけて市場環境への適応を迫られる企業になくてはならない存在である。本書はこの会計参謀にスポットライトを当てている。一人の会計参謀の中で会計と経営戦略が有機的につながり、問題解決がなされるには、どのような思考と実務のプロセスを経なければならないか。

　そういう意味で、本書は企業で経理財務や戦略立案に携わる実務者が具体的に会計参謀として、ＣＦＯの職務の全容を俯瞰し、経営戦略実務で活用することを強く意識して書かれている。

　また、私は実務家教員として立命館大学のビジネススクールで教鞭をとって10年になるが、その間に職業的会計人や企業ファイナンスに携わる人材の業務実態や今後の業務の可能性について、しばしば学生からレクチャーを求められた。そのような学生たちに会計参謀（ＣＦＯ）という職務の有り様を伝え、監査業務や経理財務に留まらず、経営者も含めた幅広い視野でキャリアの可能性を探ってほしいという思いも本書には込めている。

本書は、企業の会計監査、不採算事業会社の戦略部、公開準備会社のＣＦＯや社外役員など、私がこれまで実務を通じて遭遇した事案で、日々、気付いた成功のキーや失敗のパターン、さらには組織の空気感などを書き留めたものが素材となっている。いずれもある時期に邁進したプロジェクトなどの経験をもとに、管理会計や経営戦略の理論的フレームワークをあてはめ、体系的な解説を試みたものである。そういう意味で、Academic（学術的）とPractical（実務的）の融合を試みたといえる。

私は常々、管理会計に関する書籍の大半は、原価計算の細かな計算方法に多くの紙数が割かれているが、経営戦略への活用については内容が物足りないと感じていた。実際に会計ツールを導入するにあたって、経営戦略への活用の道筋が見えるような、本書がそのような現場の感覚を読み手に伝えることができたならば、その役割は果たしたといえる。

もっとも腐心したのが、クライアントに対する守秘義務である。本書は私がかつて経験した実務を材料にまとめ上げたものであるが、本書で紹介する事例や実務ノートの内容は、特定の会社のことを描写したものではない。複数の会社における、いくつかの経験を断片的に組み合わせ、総合的には実務のエッセンスを損なわないようにした。

無論、私の未熟さゆえ、物事を一面的にしか捉えていないというようなお叱りもあろう。いくつかの実務を切り取って描写しても、それがあらゆるケースの万能の処方箋であることはない。その意味で洞察の至らなさはご容赦されたい。

目　次

1

会計的思考とは何か

企業の経営戦略に会計的思考が不可欠なのはなぜか。それは会計が経営における羅針盤、速度計、燃料計であり、企業の置かれた状況を正確に教えてくれるからである。間違った現状認識の上に、有効な経営戦略は成立しない。会計的リテラシーを高めるには、常日頃から経営管理機能を充実させる努力が求められる。それを怠り、会計的思考が乏しい会社が犯す過ちは典型的である。本章では会計的思考の経営における役立ちと会計参謀（CFO）が果たすべき役割について考える。

企業の実態に迫る

先日、わき腹にちくちくと痛みを感じ、長引くのも難儀であるので近くの総合病院で診察を受けた。その際、医者が私を5分ほど問診し、「あの病気の可能性もある。この病気の兆候かもしれない」と言って、あっという間に、胃カメラ、造影CT、レントゲン、血液検査に尿検査と実に多くの検査を手配してしまった。すべての検査を受けてからもう一度来いという。

私は、痛みを訴える本人の所感があまり斟酌されなかったことに、少し釈然とせず（というより不満で）、それなら医者に何を話したか、検査待合いの椅子で思い起こしてみた。

いつからか　↓　「1週間ほど前から」
どのあたりか　↓　「（左のわき腹を押さえて）このあたり」
どんな痛みか　↓　「なんかこうちくちく」
いつ痛むか　↓　「食べる前になんとなく」

そうすると、私は妙に得心してしまった。何ひとつ医者の質問に明確に答えていないではないか！

1週間ほど前から…、このあたり…、なんかこう…、なんとなく…。このピントの合わない不明瞭、かつ数少ない情報で、たくさんの疾病から私の痛みの原因を特定し、これまた多くの治療法から最適な処方に至ることができないことは、素人の私の目から見ても明らかである。

多くの病人を見てきた医者にすれば，患者の主観にはあまり信頼性がない。それは病名や治療方法を判断するにあたって，拠って立つことのできない代物で，医者は追加で客観的なデータの入手を求めたのである。

よく考えると，その医者の思考プロセスや行動は，我々が企業において会計監査や事業再生を行う際の判断プロセスと極めて似ている。

企業は日々の経営で意思決定を繰り返している。この意思決定が適切であれば，企業は利益を計上して事業は拡大を続けるし，間違っていれば赤字となって企業の体力を奪っていく。優良会社はその兆候を早期に発見する機能を構築し，コストをかけて盤石な経営管理体制を備えている。いうならば毎年，最高水準の健康診断を受診し，予防診断に余念がない。

一方，経営管理を軽視して最低限の検査機能さえ自社にない場合，不採算に陥った企業は必死にその原因を探ろうとするが，検査装置は一朝一夕には出来上がらない。病院に行って，検査台に寝転がればテクノロジーが病巣を探り当ててくれるような測定器は，企業経営のような社会科学の現場には未だない。いきおい社長直轄のプロジェクトチームなどが組織されるが，会社の隅々まで神経を張り巡らせるような仕事は専門知識と経験がモノをいう。いよいよ社内リソースでは対応できなくなって，外部の専門家に頼らざるをえなくなるのである。

企業再生を専門に行っているエキスパートにしても，企業の不具合を特定するのは時として非常に困難を伴う。それは，企業が経営難に陥る原因とは，がん細胞のように物理的に見えるものではなく，また，原因が一つに絞られるわけでもないからである。

企業が赤字を計上する場合、どこか一点を正せば治るということは稀で、大体は複合的な理由による。不採算の企業とは、例えば、マーケットの分析を誤った結果、売上が年々減少し、その売上減少に固定費の削減が伴わず、原価率が上昇して赤字に転落する。そうなると必要な新規投資や品質管理にカネが回らず、徐々に足腰が弱っていく。一つの判断ミスが次の事態の悪化を招き、それが放射状に広がって、次々と他の機能を低下させていく。企業はこの時すでに、離脱困難な「負の連鎖」を回り始めているのである。

業績不振の真ん中にあるセンターピンは何か？　企業診断のスタートは医者の臨床のように、会社の戦略部や不採算事業部の現場に行って、経営者や事業部長、さらには従業員にヒアリングすることから始まる。

会社はそこで働く人、モノ、カネが有機的に結合して機能する事業体である。会社の具合が悪いからといって、会社が痛いところを話してくれるわけではない。どこに改革のセンターピンがあるかを突き止めるためには、そこで働く人間の口を通して、着手の手掛かりを得るしかない。

そしてインタビューを行うと、実に面白い現象が出てくるのである。例えば、会社のキーマンに現状の売上に対する考えを質問する。売上というのは、日々の営業ノルマや損益計算書に記載されており、それゆえ多人数による数値の共有がなされている概念である。それであっても、「利益を出すためには、まだまだ売上が低い」という一般的な意見から、「売上は他社と比べても随分伸長している。シェアは伸びているのだから、問題は製造原価なのだ」という現状を肯定する意見もある。中には個々の製品の売り難さや製品性能を延々と語り、こちらの質問にまったく答えてくれない場合も多い。

つまり売上に対する考え方でさえ，社内で一様ではなく，各々言い分があるのである。これはよく聞いてみると，回答者の思考が，「自分の知る限りでは」，あるいは，「自分の立場は」というように，個人の主観・社内のポジションに立脚しており，「会社」という主体で物事を見ていないからである。

経営者は全社的な視座に立つべき職位である。しかし，営業部長や製造部長などは自分の職域には精通しているが，部門外のことは情報が入らない。特に不採算会社は部門間のセクショナリズムが相当に進んでいて，他部門を他の会社のように話す場合がある。それどころか，臆面もなく敵は他部門だと言いきって，企業内勢力の拡大に余念がないミドルも多い。

結果的に，営業部長に「売上が十分か？」と尋ねれば，彼の職責上，「やるべき手は尽くしている」，したがって「売上は十分である」→「問題は製造原価や品質にある」という回答になる。かといって，営業部門に製造原価の情報があるわけないから，営業部長に現実的な原価低減のプランがあるわけではない。ただ他部門に責任を転嫁するために，そう答えているにすぎない。したがって，出てくる資料は，「会社にとって」売上をどうすべきか，ではなく，「営業部門にとって」現在の売上は十分かつ限界であることを言わんとする資料になる。その回答の根底には営業部長の「保身」という意図がのっそりと横たわっており，こういう意見は会社の実態を知る適切な材料にはならない。

ここが改革のスタートラインである。キーマンが語る会社の現状分析，それを一つひとつ解きほぐして，何が事実で何が事実でないのか，明らかにする。それはインタビューを実施した一人ひとりから，ジグソーパズルのピースを一つずつもらって，組み合わせ，不合理な主観は排除し，皆が納得できる企業全体の絵を完成させていくような作業である。

経営難に陥った会社の全体像について、現状認識を共有するプロセスを失くして、改善策の立案など始められるわけがないのである。

会計的思考とは何か

現代企業の経営は、株主や債権者、企業の従業員といった利害関係者の参加によって成立している。これが一度、経営不振となれば、新たな資金のスポンサーや彼らが雇う外部の再生専門家、社外取締役など、利害関係者の数はさらに増加する。

そのような企業で、これまでのパラダイムを変革するような意思決定を行う場合、多くの利害関係者に同じ尺度で、企業の現状と将来像を共有することが求められる。それがなくては、改革案に利害関係者の同意が得られないからである。

この共通尺度の醸成・形成に「ものさし」として、最も重要な役割を果たすのが、会計である。ここで会計とは、「貨幣的価値に換算して会社を知ること」であり、要するに「それを金額で示すといくらか」という「ものさし」である。そして、会計的思考とは「会計的尺度を重視して思考を練り、意思決定に至るプロセス」をいう。

いくらCEOが会社の進むべき方向を知っているといっても、売上高や利益など、金額に換算した形で組織の従業員が目標共有できなければ、企業戦略の実効性は伴わない。また、CEOが社外の株主や債権者に対して説明責任を果たす場合も、彼らが関心を示すのは企業利益や投資効率という会計的な尺度である。

すなわち、企業が存続していくためには、組織内外を通して、利害関係者と会社情報をやりとりするための共通言語が必要であるが、共通言語である以上、そこには客観性・普遍性が求められる。現在のところ、その共通言語の要件を最も高いレベルで充たしているのが、会計だといえる。

もちろん、企業が意思決定を行うにあたって、すべての情報が会計データで足りるわけではない。会計は最も多くの利害関係者のニーズを充たす尺度ではあるが、企業で働く従業員の生産性や企業の潜在的な開発力、ブランドなど、会計では計りえない企業価値・経営資源も数多くある。したがって、企業戦略の立案にあたっては、それらの無形価値に加えて、市場規模の動向や将来の技術開発の動向、競合他社の分析など、会計以外の非会計データも十分に検討しなければならない。

例えば、企業の事業戦略を考える際、次のような問題提起がされたとする。

「売上の減少に歯止めがかからない。この事態を打開するにはどのような戦略が有効か。」

これに答えるためには、自社の月次損益推移や損益分岐点分析といった会計データの分析だけでは足りず、広く市場の成長率や競合他社の動向といった非会計データの考察が不可欠である。なぜなら売上が足りないといっても、それを市場の成長や競合との関わりで考えれば、次の３つの異なるケースが考えられ、それぞれのケースで会社がとるべき戦略は異なるからである（**図表１‐１**）。

図表１－１　売上減少のパターン

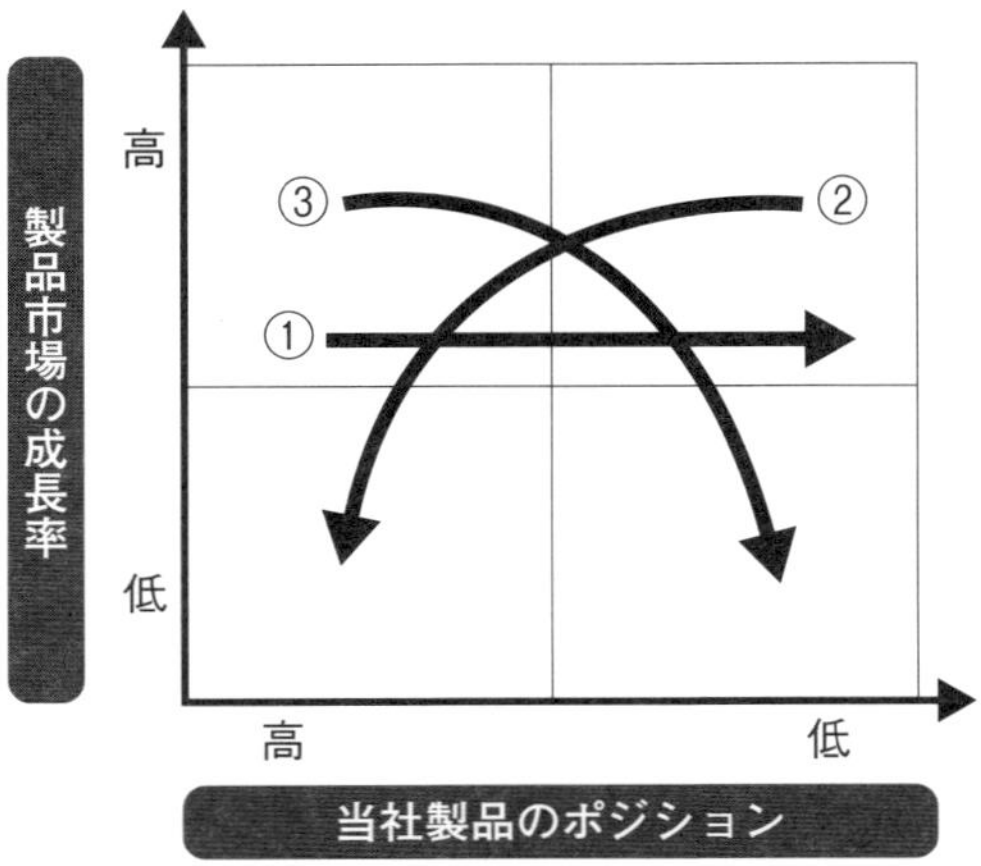

① 製品市場の成長が一定で自社のポジションが低下している場合

② 自社は競合と比べてポジションを高めているが、市場の衰退が著しいため、結果的に売上が減少している場合

③ 製品市場が衰退し、さらに自社のポジションも低下している場合

①の場合は、市場が一定の伸びを示しているにもかかわらず、自社が競合に何らかの理由で負けているのだから、その主因を突き止めて最適な改善案を列挙する。各改善案に係るコストと想定しうる効果を丁寧に計って最適案を実行し、その経過をモニタリングしていけばよい。

しかし、②の場合は、競合に勝っているにもかかわらず、市場の規模自体が縮み始めているのだから、競合に勝つ施策よりも、製品ライフサイクルの延命を図るか、衰退市場でいかに残存者利益を獲得するかを検討しなければならない。

③の場合は、①と②の悪条件の複合系であり、問題解決の難易度がさらに高い。

図表1－2　戦略立案のステップ

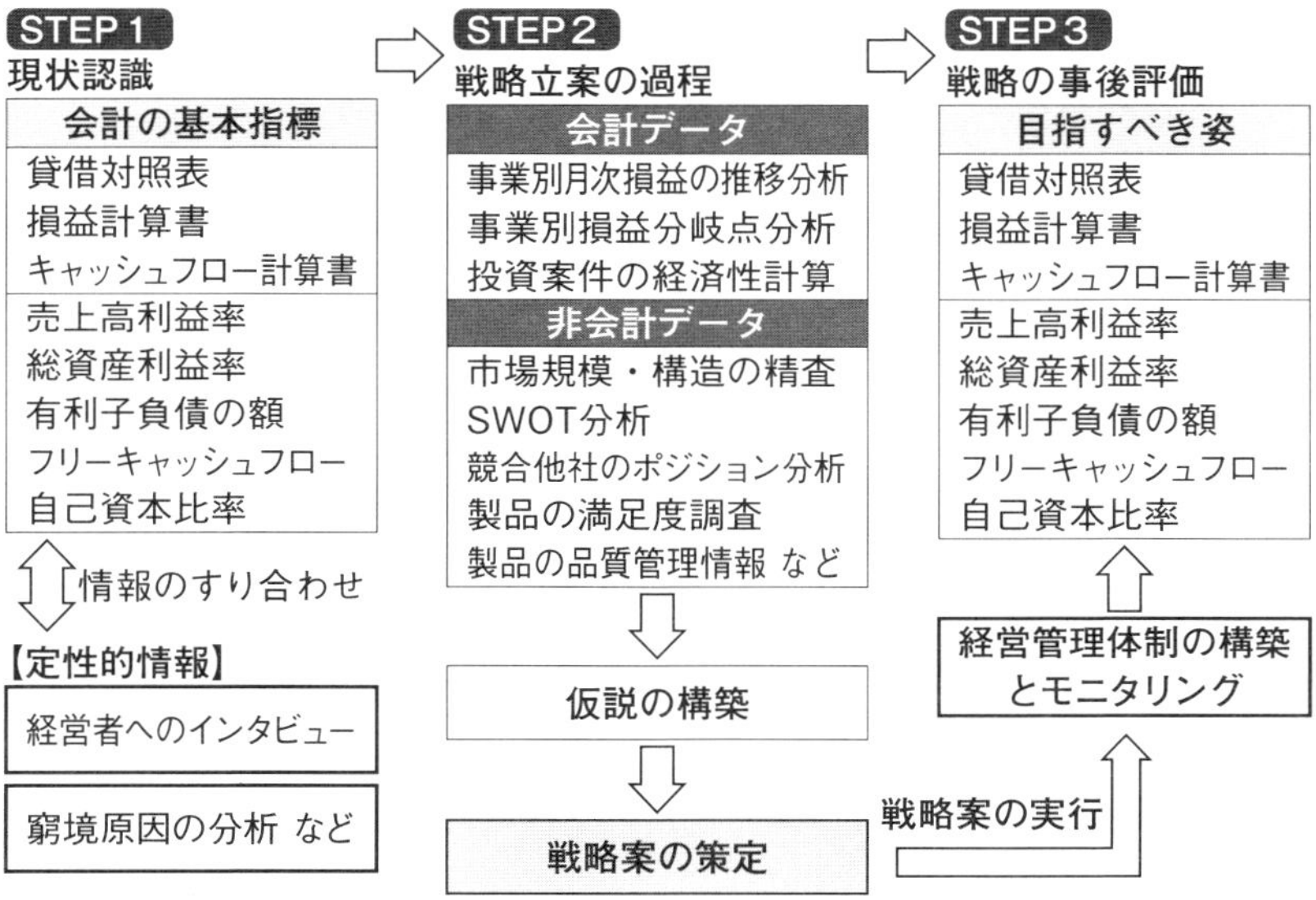

そのような戦略立案のステップは、**図表1－2**のような流れとなる。STEP1では、会社の大枠を基本的な会計数値から読み取り、さらに経営者へのインタビューなどによって定性的情報を補完し、現在地の定点観測を固めていくことが目的であり、戦略立案のファーストステップである。

次にSTEP2の戦略立案の過程では、会計データ、非会計データを取り合わせ、対処すべき課題とその解決のための仮説を総合的に考慮し、具体的な戦略案を策定していく。この時、戦略案が実行された結果、どのような成果が会社にもたらされるのか。会社が「目指すべき姿」を会計数値によって明らかにしておく。

そうしてSTEP3では、戦略案を計画通り実行に移し、その結果をモニタリングして、戦略実施後の売上高、最終利益、有利子負債、投資効率などの事後評価を行う。これによって、戦略案が有効であったか否かが、事後的に数値評価され、利害関係者に一目瞭然となる。このためには社内に経営管理体制を構築し、戦略案の実行や進捗状況をモニタリングするセクションが必要である。

わが国において最も有名な中期経営計画は、1999年10月に発表された日産自動車の「日産リバイバルプラン」であろう。長引く赤字で企業継続が危ぶまれた日産自動車に突如現れたカルロス・ゴーンが着任からわずか半年で発表したものである。この「日産リバイバルプラン」でも同様のアプローチがとられている。

「日産リバイバルプラン」は、大きく(1)診断、(2)リバイバルプラン、(3)必達目標の3部から成り立っている。「(1)診断」では過去の赤字や有利子負債、国内シェアなどの過去業績が客観的事実として共有される。

そして「(2)リバイバルプラン」で9つのCFT（Cross Functional Team）の設置や新製品の投入、購買活動のコスト削減など具体的な戦略が立案され、その結果、「(3)必達目標」として、①2002年末までに有利子負債の半減（販売金融除く）、②2000年度に連結ベース黒字化、③2002年度に営業利益率4.5％以上といった会計的な数値目標が掲げられた。

要するに、会計数値とはあくまで現状を定点観測し、将来向かうべき地点を社内外で共有する尺度であるが、どのようにそこに至るかという戦略案は、多くの非会計的要素を考慮しなければならない。どのような尺度で現在地と目標点を測定するかという問題と、何をすればその目標点に到達できるかは別の議論である。

経営戦略を会計に換算する

企業の活動とは、経営者の普段の経営管理努力なしに、その結果が自動的に会計数値で表現されるものではない。どのレベルの会計インフラを企業内に作り上げるかによって、相応のコストと時間を要する。この点についてては、経営者に十分に理解されていないことが多い。

私はかつてある会社で、全部門の次年度年間目標がすべて達成されたと仮定して、損益計算書上、いくらの企業利益につながるかを集計する業務に取り組んだことがある。

そのとき各部門から戦略部に集められた年間計画や目標管理シートなどを見ていて、部門によって目標を設定したり、成果を計る際に使われる主要な尺度（＝ものさし）はかなり異なることに気がついた。

営業部門は売上高や営業利益という損益計算書で馴染みのある概念を指標にしているから、比較的に理解がたやすい。

ところが、製造部門や開発部門では事情が大きく異なり、話はそう簡単には進まなかった。例えば、製造部門では、製造ラインの生産効率の改善度を前年比で示したり、独自の基準で算定した製造付加価値などが頻繁に出てくる。これらを企業利益に置き換えるためには、前提条件を設けなければできない。

図表1－3　部門別目標管理の尺度

部　門	目標や成果を計る尺度（＝ものさし）	換算の難易度
営業部門	前年比売上高、同営業利益、同利益率、シェア伸び率など	易
製造部門	製造効率化指標（前年比）、操業度、総生産金額、製造付加価値	中
開発部門	開発リードタイムの短縮、開発体制の刷新、知的財産権の認可数など	難
資材購買部	前年比削減金額、同在庫金額、材料の回転期間など	易

さらに厄介なのは、開発部門における開発リードタイムの短縮や知的財産権の認可数といった部門目標である。私にはそれが達成されたからといって、会社の損益計算にどれほどの影響を及ぼすのか、皆目見当がつかなかった。

中には定量的な目標でさえなく、「業界ナンバーワンの品質を達成」とか、「営業拠点のグローバル化を推進する」など、スローガンに近い部門目標さえある。最初から目標設定が曖昧で、その進捗や達成度合いを測定することを予定していないのである。

行き詰まった私は、このままだと「お絵かき」（実態が伴わなかったり、論理が破綻している無意味な報告書、やっつけ仕事）になってしまうという危機感を感じ、製造部門や開発部門に事情を説明して、彼らにヒアリングを開始した。つまり、彼らの部門目標を「企業利益へ換算」する作業を始めたのだが、これが想像以上に先の見えない作業であった。

それは至極当然の話で、私は会計のプロではあるが、特定業界の生産管理や技術開発ロードマップに関しては素人である。したがって、彼らの指標を使って話をしていても、さっぱりと実感が湧いてこない。逆に、製造部門や開発部門の人間は、ほとんどが理数系出身のエンジニアである。「あなたたちの行動は、企業会計でいくらの利益に相当するか?」と尋ねられても的確に答えられるはずがないのである。

私はその時、現場の行動目標を企業利益に適切に換算する「ものさし」など、一朝一夕に出来るものではないと痛感すると同時に、そら寒い思いがした。

なぜなら、本社の戦略部では外部投資家や銀行に対して、中長期の利益計画や適正株価などを大々的に公表している。しかし、その実、掲げられた数値目標は現場レベルの行動計画と結びついていない。

何を成せばその目標利益を達成できるのかという企業の生理学を理解していないのである。それは裏を返せば、利益目標が未達に終わっても、その原因を分析することができないという実状を意味し、「経営の迷宮」に入り込んだようなものである。

日常から企業活動を会計数値で計る経営姿勢。また、戦略立案に際して企業の目指すべき会計数値と行動計画を糊付けする経営努力。それを可能とする会計インフラの整備は、企業戦略の実効性を確保する上で、企業が最初に備えるべき経営管理能力なのである。

会計的思考では、企業の利益目標に照らして、常に企業活動の是非を問い正していく。

「その経営戦略を実行することで、会社にいくらの利益が出ますか?」と。

会計リテラシーの乏しい会社とは？

私は、この会計的思考が日本企業には欠如していると考えてきた。会社の現状を会計数値で捉える情報インフラが未整備で、戦略案の適否を会計数値から判断する経営管理能力に乏しい。多くの日本企業では、会計を企業の過去業績を報告する技術と考え、有価証券報告書や計算書類など、法的に求められる必要最低限の説明責任を果たす程度にしか、会計インフラを整備していない。会計の使い道を企業の過去業績を報告することに限定してしまって、企業の将来を左右する戦略的意思決定に活かせていない会社が多いのである。そんな会計力の乏しい会社には、次のような典型的な特徴が見られる。

(1) 経営理念ばかりの中期経営計画

会社がおよそ3年ごとに作成する中期経営計画は、3年後の会社の将来像とそこに到達する手段・プロセスを社内外の利害関係者に示すものである。本来であれば、連結グループ全体の売上目標、利益率、最終利益、投資効率、有利子負債の総額に加え、主たる事業分野、投資額、各セグメントごとの売上高、営業利益などを説得的に伝えるものであり、今後3年間の経営の青写真である。この中期経営計画の出来は現株主だけでなく、将来株主の獲得にも重要な役割を果たす。

しかるに、会計的思考の乏しい会社では、そもそも中期経営計画が示されないか、あっても企業理念や製品開発のロードマップ、外部経営環境の説明（市場規模や同業他社の動向）などの断片的な経営情報が示されるだけで、それらを踏まえて何をしたいのか、具体的施策が不明である。３年間で達成すべき会計数値のターゲットも示されない。正確には、示そうと思っても、会計リテラシーが欠如しているためにできないのである。これは経営戦略を実現することで、会社の決算にどのような影響を与えるのか、その関係を理解していないか、そもそも考えてさえいないことが原因である。

企業が発表した中期経営計画が期待外れで、機関投資家の失望を招き、株価が急落することがよくある。会計リテラシーが足りない会社の典型は、会計数値を織り込んだ中期経営計画を策定できない会社である。

(2)　直感頼みの投資計画・Ｍ＆Ａ

取締役会で大型の投資案件やＭ＆Ａを意思決定する際に、客観的な会計データに基づき、合理的に案件の是非を議論する能力を欠いている会社である。

大型の投資案件となると、将来、投資から得られるキャッシュフローや事業リスクなどを予測会計数値（プロジェクション）に反映しなければ、適切な投資金額を決定することはできない。あるいはＭ＆Ａにおいて、買収対象企業の買収監査（デューデリジェンス）を十分に行っておらず、買収金額の算定根拠が曖昧であったりする。

こういうケースは、すでに数名の上級役員の中で話がついており、直感や対象事業へこだわるあまり、取締役会で不採算案件を止めることができない。このような会社は投資案件への入り口が甘いだけでなく、投資が失敗した場合の対策も後手後手に回る。理由は簡単で、投資段階で投資リスクをまじめに議論せず、投資リスクを十分に評価していないから、必然的に投資後のモニタリングやリスク低減もおざなりになるためである。最初から投資によって達成すべき利益目標がないから、出てきた実績を誰も悪いと感じない。

赤字が膨らむにつれて、いつの間にか社内で触れてはならない腫れ物のような存在となり、いよいよ手がつけられなくなる。トップ主導で性急に決まった海外会社との合弁事業などはこのような例が多い。中には直感に頼って会社を急成長させる経営者もいるが、そのほとんどは創業者社長である。いつの時代も創業者というのは並々ならぬ力量の持ち主なのである。

(3) 業績の下方修正を繰り返す

多くの上場企業は証券取引所の求めに応じて、売上高や営業利益などの業績予想を公表している。この業績予想は、売上高が10％、利益概念が30％以上、変動することが明らかになった時点で、遅滞なく業績予想を修正することが求められる。業績の下方修正は期初に予想した業績見込みが、十分に経営環境を反映しておらず、将来の事業リスクを織り込んでいなかったり、経営管理機能が未整備で、本社がなんとなく業績予想を立てている場合によく起こる。業績見込みが甘いから、下ブレが一定の幅に収まらず、下方修正を迫られるのである。会計リテラシーの乏しい会社は、この業績予想を繰り返し下方修正し、投資家からの信頼を落としていく会社である。

(4)　事業評価指標が未整備

各事業をどのような基準で評価するべきか、事業責任者をどのような指標で評価すべきか、という日常的な事業評価指標（モニタリング）の作り込みが甘く、形骸化している。企業グループとして統一的に事業を評価するルールが曖昧で一貫性がないから、不採算事業がダラダラと生き続ける。不採算の事業部はなんとか業績の化粧をするため、本社費の共通費配分や社内取引価格の調整など社内政治に奔走し、本来の収益性がどんどん見えなくなっていく。そうして繰り返される調整の結果、いつの間にか社内の管理会計がわけのわからない数値となり、財務会計と乖離していく。

特に注意しなければいけないのは、さまざまな調整を施した管理会計ベースでは利益が出ているが、会計基準に準拠した財務会計ベースでは赤字を計上しているような会社である。これは業績が赤字であるにもかかわらず、会計数値を歪めた結果、現場レベルでは事業は黒字だと事実誤認している。赤字であるという事実が組織に共有されないから緊張感がなく、問題解決に向けてとるべき行動が始まらない。そしてその事実誤認の時間が後々、致命的となる。会計リテラシーが足りない会社の典型は、自分たちで会計の情報インフラを破壊しているような会社である。

これらは会計的思考が乏しいために、最適な意思決定が行われていないと私が感じる会社の典型である。総じて、会計という共通の価値観が浸透していないため、社内のコンセンサスを得るのに時間がかかったり、会計の使い方を誤って意思決定の精度が低かったりする。

それでもマーケットが高度成長する局面では、市場の拡大を信じてどんどん投資すればよいから、資金供給が確保される限り大きな失敗はない。ところが市場の成長率が鈍化したり、外部環境が激変するデリケートな経営環境では問題が顕在化する。これは飛行機の操縦に例えれば、燃料が残り少なく推進力が低下する中で、乱気流に突っ込むようなものである。いろいろな情報を計器で確認しながらの慎重な操縦が求められ、判断を誤ると墜落してしまう。

不採算事業を切り離すために、事業の「選択と集中」など、大きな戦略転換を企図しても、社内に〝不採算〟のコンセンサスを形成するには相当な時間・根回しが必要となる。赤字の垂れ流しだとわかっていても、本社の役員は事業部とのしがらみを断ち切れず、決め切ることができない。その間も刻一刻と経営環境は変わっていくから、ようやく意思決定できた時、すでに現場では「時ずれ」を起こしており、当初、目論んだほど成果は出ない。終わってみれば、不採算事業に振り回され、手ひどく企業価値を喪失している。経営環境の悪化に応じて、迅速に「守りの経営」に転換することができないのである。

これがアメリカの企業だとその経営判断の時間軸は極めて短い。経営者は会計の目標数値を達成することを至上命題としているから、強権を発動してでも社内の抵抗勢力を排除し、迅速に環境への適応が図られる。ＣＥＯは数年単位で成果が出なければ、職を追われるプレッシャーにさらされ、常に最適な経営者人材を供給するハイクラスな労働市場と教育システムが後ろに控えている。ＩＢＭが早々に消費者向けパソコン事業の売却を発表するのを尻目に、日本の家電メーカーは万年赤字の白物家電からいつまでも撤退することができない。

この差は、日米の企業が置かれてきた環境の違いに起因する。現在、世界有数の企業となったパナソニック、ソニー、任天堂などは戦前戦後に創業し、高度成長期に急成長を遂げた会社であるが、各社、長引く低成長期下での経営構造の転換に苦しんできた。過去の成功体験が企業文化にしみついて、低成長下における経営の姿を積極的に描くことができない。さらに日本の上場企業の経営者は、ほとんどが勤続数十年のサラリーマン経営者である。社内の政治的な力も働き、事業の「負け」が行きつくところまで行かなければ、そうそう事業撤退に踏み込むことはない。

また戦後から近年に至るまで、企業に資金を供給してきた銀行の存在も大きい。日本企業の場合、資金の出し手が長らくメインバンク主体の間接金融であったため、物言う株主が育ってこなかった。官僚主導による各業界の規制の下、メインバンクと企業はもたれ合い、持ちつ持たれつ蜜月の関係を築いてきた。銀行は余程のことがない限り、企業経営には介入せず、見返りに融資先からポストを得てきたのである。銀行の言うままバブルに深入りし、手痛い目にあった事業会社は数多い。

アメリカのように株主から資金調達する直接金融が主流であれば、経営者には株主利益を最大化することが求められる。経営環境が悪化した場合、不採算事業から出血を一刻も早く止めることが彼らに課された職務である。GEのジャック・ウェルチはかつて、「ニュートロン・ジャック」といわれていたし、日産のカルロス・ゴーンは「コストカッター」と呼ばれた。欧米ではリストラ手腕を強調したあだ名を冠する経営者も多く、彼らにとっては、大鉈を振るう経営も時として選択肢の一つである。

しかるに、わが国の経営者でそのようにいわれる経営者はほとんどいない。無論、自らの利益のために、安易に人員を解雇するマネジメントが企業価値を高めるとは思えない。しかし、生き残るために抜本的な構造改革を迫られながら、思考停止に陥るマネジメントもまた、経営問題を解決できない。長らく銀行からの資金調達が容易であった日本の場合、アメリカの経営者のように株主利益を第一に考えて、経営判断を合理的に行い、その結果に説明責任（Accoutability）を負う機会が少なかった。経営能力の是非を問う機会が少なければ、株主ら利害関係者と経営者間の利害調整を果たす会計が重要性を持たなかったことも自然な流れである。実際、戦後のわが国のディスクロージャー制度は常にアメリカの後を追う形で変遷し、一度も先を行ったことはない。例えば、現在では当たり前となった連結決算制度も、個別財務諸表に優先して開示されるようになったのは２０００年3月期であり、それまでは個別財務諸表ベースの情報開示が主体であった。驚くべきことにわが国における連結決算の本格的導入は、バブル経済崩壊後である。

管理会計と財務会計の間

企業へのコンサルティングで、会計情報をうまく活用する話をすると、よく担当者から、それは財務会計か、管理会計かという分類を求められることがある。財務会計であれば経理部で、管理会計であれば戦略部に話を通すという。私が大切なのは、その「真ん中」であると言うと、担当者は腑に落ちない顔つきである。

財務会計とは、会社の財政状態や経営成績など会社の業績を一定の法規制・報告様式に基づいて、

図表１－４　意思決定に求められる会計情報

意思決定の内容	管理会計	財務会計
投資の判定	✓将来キャッシュフローの見積もり・現在価値への割引	✓投資が損益計算書に与える影響
事業の撤退	✓事業継続した場合のキャッシュアウト	✓事業撤退が損益計算書に及ぼす影響
M&Aによる買収	✓企業価値評価（Valuation） ✓買収監査 （デューデリジェンス）	✓連結決算への影響 ✓のれんの会計処理

社外の投資家や債権者といった利害関係者に報告する領域である。具体的には会社法に基づく計算書類や上場企業の有価証券報告書に開示される財務諸表を作成するために、「一般に公正妥当と認められる会計基準」の在るべき形や現状の問題点などを研究対象としている。

一方、管理会計とは、主に経営者や事業責任者が将来の意思決定のために、会社の現況を会計的に知り、精緻に分析する領域をいう。ここでは、企業の事業ポートフォリオの決定から、事業評価指標の策定、投資案件の適否判断、ＣＶＰ分析、ＡＢＣ（活動基準原価計算）など、企業が意思決定を合理的に行うために、有用な会計の手法や技術などを研究対象としている。

学術的な分野では、財務会計と管理会計は明確に分けられた研究分野である。書店に行って会計専門書の棚を見ても、財務会計と管理会計の棚は必ず分かれている。私は大学に長らく籍を置いているが、財務会計と管理会計の両方を研究対象としている学者をまだ知らない。

しかし、企業経営の実務においては、財務会計と管理会計は不可分な存在である。少なくとも管理会計の目的、すなわち、企業が合理的な意思決定を行うために、財務会計から得られる情報は不可欠である。

例えば、ある投資案件の適否を議論する際に、案件からもたらされる将来キャッシュフローをいくら見込むか、また、資金調達に要した資本コストを何パーセントとして投資採算を判断するかは管理会計の領域である。しかし同時に、経営者が意思決定を行うにあたって、その投資案件が財務会計(損益計算書)で、いつ、いくらの利益につながるかは、極めて重要な判断材料である。

したがって、管理会計にとって財務会計とは、管理会計の精度を高めるためになくてはならない客観的情報であり、財務会計にとって管理会計とは、財務会計によって判明した事業の現況や異常値を報告し、分析・改善を促す領域となる。

通常、会社では財務会計は経理部で、管理会計は戦略部で担われることが多い。ところが実際の企業経営においては、この財務会計と管理会計を担当する部署間の情報共有が適切になされていない会社が多いのである。

その主たる理由は、経営者の会計的思考の欠如にある。すなわち、財務会計を経営戦略に活用するメリット、また、戦略評価を財務会計ベースで客観的に行うメリットを、経営者が十分に理解していないのである。

会計参謀（ＣＦＯ）の役割

さて、それでは会計と戦略をつなぐ会計参謀（ＣＦＯ）の職務とはどうあるべきか。会計参謀の役割を示したのが**図表１－５**である。

第一に、「経理」における決算業務、月次決算と予算管理、連結グループ管理などの経理業務は、会社の利害関係者に説明責任を果たし、会計的思考を戦略に織り込むために大切な業務である。いわば会計参謀の基幹となる業務であり、会社のさまざまな問題点を発見する情報源となる。

それを受けて、「財務」では、企業グループの資金繰りを計画・管理し、日常の入出金業務を滞りなく行う。銀行から資金調達を行うなら、金融機関に情報提供し、調達を円滑に行うことが求められる。資金調達において最も重要なことは、資金の出し手に会社の現状、そして将来を積極的に伝えることにある。それがなくては企業の将来性を評価して、株主や銀行も資金を出してはくれない。このため「財務」は会社の経理・決算を知らずにできる仕事ではない。

さらに内部統制の法制度化、いわゆるＪ‐ＳＯＸによって、経営者は財務報告の信頼性・有効性評価を行う責務を負っている。経営者のもと、業務記述書やＲＣＭ（Risk Control Matrix）を作成し、企業の財務情報に信頼性を持たせる「内部統制」は、「経理」で作成される情報の信頼性を背面から支えている。

そして、これら経理、財務、内部統制の情報を一元的に管理・共有し、業務間の相互シナジーを実

図表1－5　会計参謀（CFO）の役割

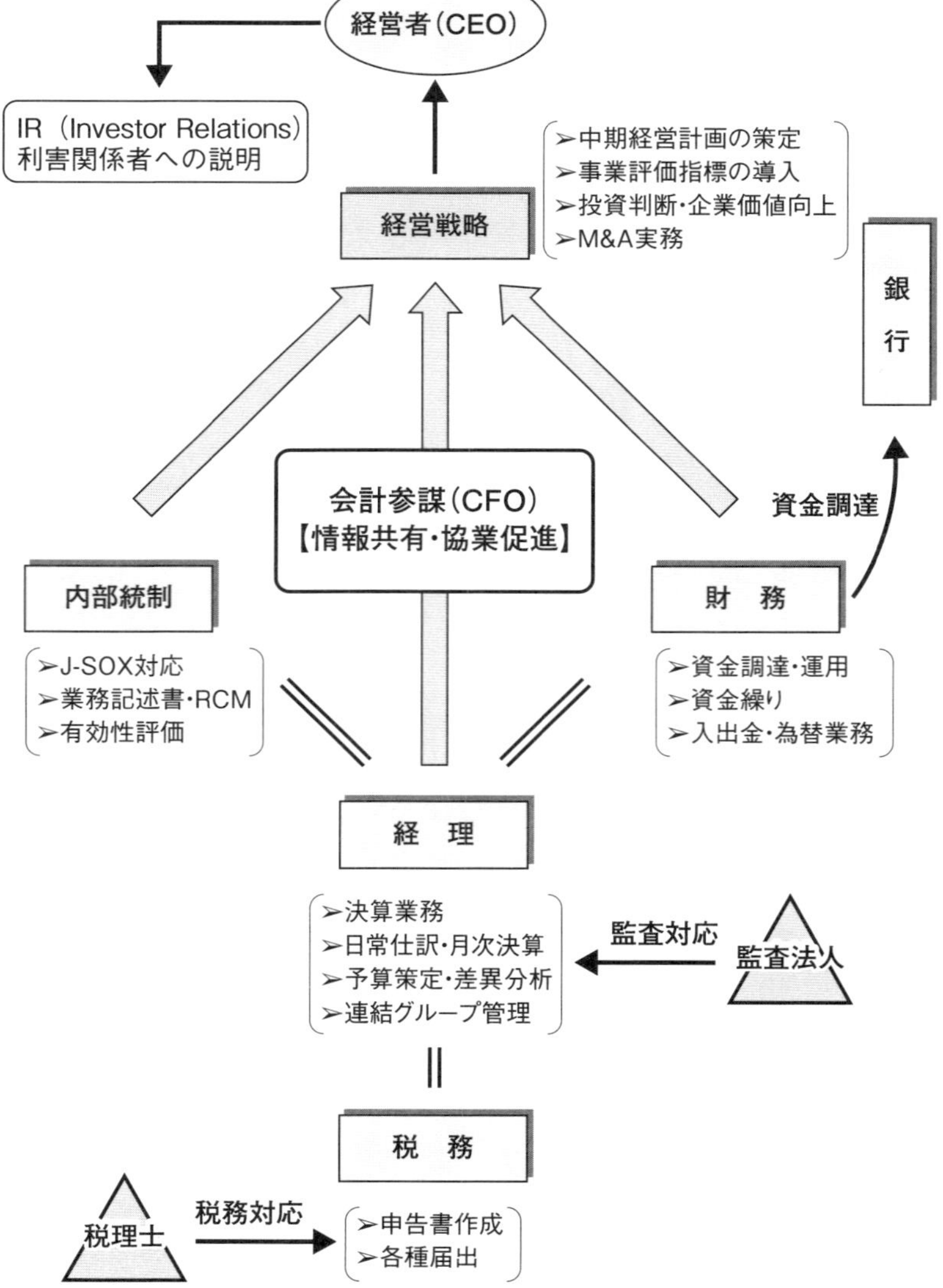

現して、経営戦略立案に有益な情報を提供することが会計参謀に期待される役割であり、高い付加価値を生む新たなフィールドである。

戦略立案のニーズに応じて、戦略部、経理部、財務部から必要な情報と人材を動員し、戦略部の問題解決の視点、経理部の財務会計の視点、財務部のファイナンスの視点から、経営戦略の成否を検討していく。そうして仕上げられた戦略案は、多面的にメリット・デメリット、その対応策が検討された完成度の高いものとなる。

そのためにはまず、戦略、経理、財務の間にある業務の壁を取り壊して情報を共有し、部門間の協業を促す組織作りが避けて通れない。日本企業の場合、さまざまな理由から管理部と戦略部の間に高い部門の壁があり、うまく情報共有がなされていないことが多い。

これには二つの理由があると私は考えている。第一に、経理・決算業務の秘匿性である。上場企業の経理部では決算発表直前となれば、そこかしこにインサイダー情報があり、部署内では情報の秘匿に腐心している。経理部の基本的習性として、情報は部内に留めるもので、積極的に外に出すものではないと躾けられている。そのような経理部には、正確な不採算情報を戦略部に提供して、早期の改善を促す行動など求めるべくもない。インサイダー情報の秘匿は経理部として取り組む課題であるが、同時に会計数値を分析し、経営陣に必要なアラートを鳴らすことも経理部の重要な役割である。

いま一つは、経理部や財務部といった管理部門と、戦略部門の人材交流があまり頻繁でないことである。特に管理部は仕事が人についてしまって、かなりの年数、部署を異動しない人が多い。経理や財務は日々の業務に完璧な正確性を求められる専門的職能である。そのため放っておくと、信頼できる人間に仕事がどんどんひっついていき、経理部内でも仕事を協業するということをあまりしなくなる。むしろ、業務が人の隙間に落ちないよう各自の業務分担や締日が明確に決められる。そうすると、だんだんと自分のペース、段取りで仕事をすることに慣れて、次第に気持ちが内向きになっていく。これが10年も続くと、年齢・職位に応じたコミュニケーション能力や問題解決能力はまず育たない。他部署とガチンコで議論してでも会社のとるべき戦略を主張するなど考えも及ばない、単機能な人材が出来上がってしまう。

しかし、将来の経営人材育成の観点からも、財務会計を習得し、一通り会社の決算を組めるようになれば、次に経験すべきは財務部門、そして戦略部門である。資金調達にあたって銀行に会社の決算内容を的確に説明することは重要な仕事である。さらに戦略部において、財務会計の知識や銀行への説明責任の経験を踏まえて、会社の経営戦略に会計的思考を持ち込むことはさらに付加価値が高い。

一昔前までは、ＣＦＯといった呼び名はなく、経理担当役員といえば普段の経理業務と決算業務に加え、税務申告をしていればよかった。しかるに現在のＣＦＯが担う機能は多岐にわたる。従来の経理・決算・税務申告業務に加え、財務、内部統制、戦略立案までＣＦＯの管掌に配置されることが効率的である。

投資すればリターンが得られた高度成長下では、資金が安定的に供給される限り、真っ直ぐにアクセルを踏み続ければよかった。しかし、経済が低成長に移行した状況では、アクセルとブレーキを適切に操作しながら、巧みにハンドルを切る必要が出てくる。そのためには、経営戦略に経理業務、財務業務の情報を活用し、強いリーダーシップのもと、すべての部門が協業して問題解決のプロセスを進めていく機能が必要である。それを担うのが私が考える会計参謀（ＣＦＯ）の役割である。

本書の章立て

ここで本書の章立てを概説しておく。

管理会計のツールを経営戦略において「使いこなす」ためには、どのような経営環境でそれを活用するのか、およそのイメージを持っておく必要がある。せっかく管理会計や財務会計を体系的に習得しても、経営戦略にどのように使ってよいのかわからないという意見をよく聞く。

図表１－６は本書における各章の個別テーマが、企業の策定する中期経営計画や事業戦略とどのような関係にあるかを概念的に示したものである。

第2章は「事業ポートフォリオ戦略と事業評価指標」である。企業は全社的な経営目標や経営理念を掲げ、それを実現すべく中期経営計画を策定する。その中で事業ポートフォリオを最適化し、企業価値に対する考え方や事業戦略の骨子などを明らかにする。その際、傘下にある各事業をどのような基準で評価するのかを明確にしなければならない。これらは株主に対するＩＲ活動や銀行への説明責任を果たす上で核心となる内容であり、重要な全社戦略である。

第2章では、この全社戦略における事業ポートフォリオを策定する意義と、各事業をどのような基準で評価すべきか、売上高、利益率、投資効率、キャッシュフローといった事業評価指標について考

図表1－6　本書の章立て

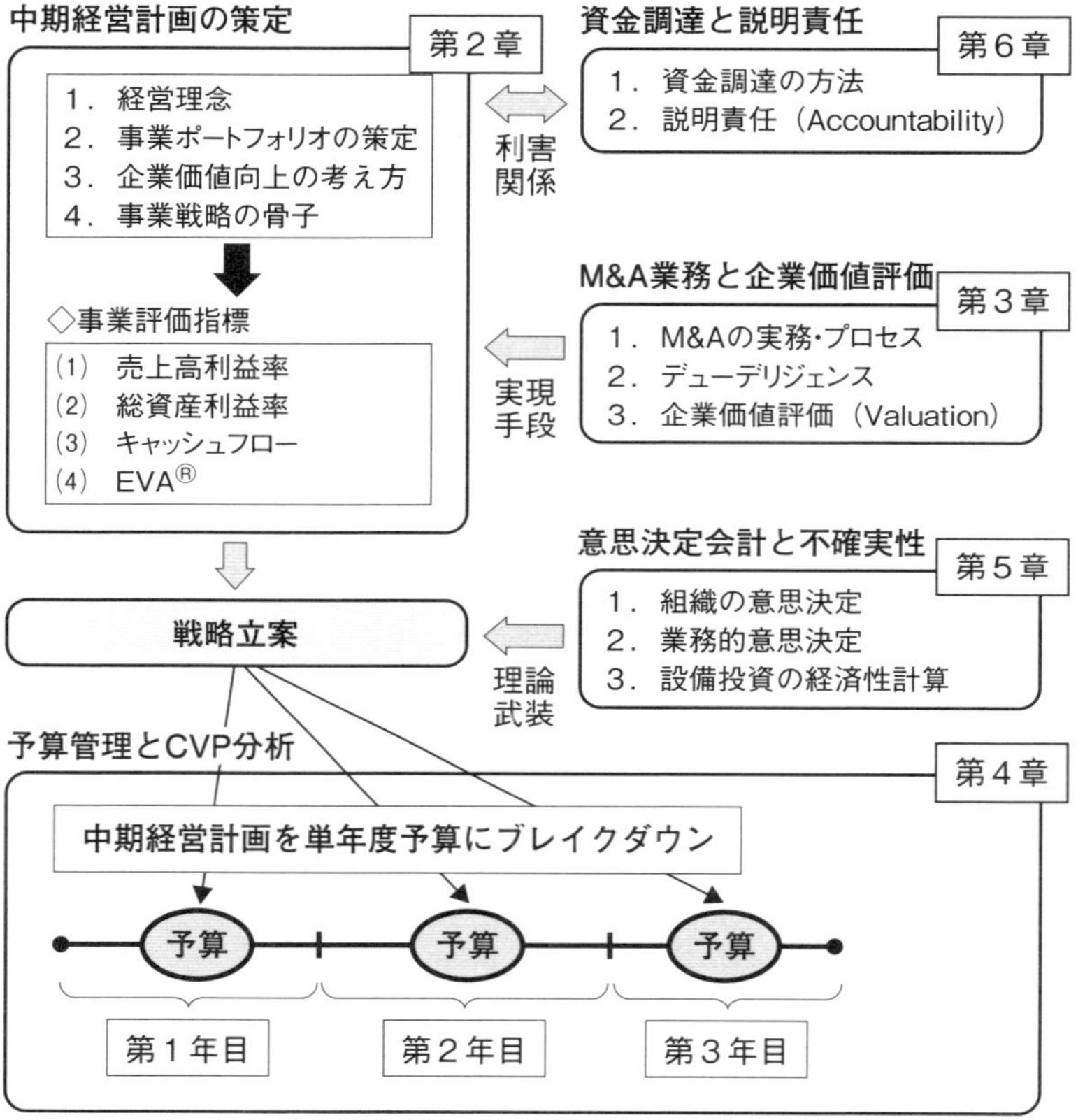

える。

第3章は「M&A戦略と企業価値評価」である。事業ポートフォリオの策定の結果、特定の事業分野に対する投資を強化したり、逆に事業売却すべきという結論に至った場合、それを効率的に実現する手段としてM&Aがある。M&Aのメリットはなんといっても、「時間を買う」という点にある。時間的な余裕がない会社にとって、新たな分野へ投資をすると決めても、一から事業に投資し、売上をゼロから上げていくことは、相当に時間を要する。そのような会社にとっては、すでにその分野で実績を有している会社を買収することができれば、投資とその回収を早期に実現することができる。とはいえＭ＆Ａ業務は、先方との交渉から、買収対象事業のデューデリジェンス、企業価値評価など多くの争点が複合的に絡み合う領域である。中でも、「いくらで事業を売買するか」を決める企業価値評価（Valuation）は、将来キャッシュフローの見積もりや同業他社との計数比較など、会計的思考なくして本質を理解しえない。第３章ではこのＭ＆Ａ実務と企業価値評価を考える。

第４章は「予算管理とＣＶＰ分析、そしてバランススコアカード」である。中期経営計画はおよそ３カ年の将来像を示すものであるが、それを実現するには、事業戦略の立案を通じて、単年度の予算にブレイクダウンされなければならない。そして、傘下の各事業部に戦略を展開し、行動計画として現場が実感を持たなければならない。各事業部門がこの単年度の予算を達成することで、結果的に中期経営計画の実現がなされるのである。この日常的な利益管理手法として予算制度が機能する。また、特定事業の売上とコスト、利益の関係を分析し、事業の損益分岐点（Break Even Point）を明らかにする手法にＣＶＰ分析がある。さらにバランススコアカードは、会社が掲げる財務目標を顧客の視点やビジネスプロセスの視点に展開し、実際の行動計画に結び付ける手法である。第４章ではこの予算制度とその実現を支える各手法を取り上げる。

第5章は「意思決定会計と不確実性」である。中期経営計画を実現するには、各事業における戦略立案を通じて、事業の競争力を高めなければならない。例えば、ある事業において、生産効率を高めるため大型の投資が必要と考えられる際、その投資は将来どのくらいのキャッシュフローを生み出す必要があるのだろうか。このような設備投資に関する戦略立案においては、将来の不確実性を踏まえた上で、投資の経済性計算が必要である。また、すでに与えられた経営資源（人員や設備）の中で、それらを最も効率的に活用するには何を考慮すべきであろうか。複数の代替案の間における「差額」を比較し、最も有効な代替案を選択することが求められる。第5章では会社が意思決定を行う上で考慮すべき要点と不確実性について考える。

第6章は、「資金調達と説明責任」である。会社がその継続性を絶たれるのは、ほとんどすべての場合（自主廃業などを除けば）、資金が不足し、法的債務の支払いが滞るからである。会社の金庫を預かる会計参謀（ＣＦＯ）にとって、この会社の血液とでもいうべき資金を、滞りなく回していくことは、何よりも重要な業務である。どのような中期経営計画を立案しても、資金調達が滞れば、予定していた投資を断念せざるをえないため、資金調達は会社の経営戦略に大きな影響を与える。第6章では会社が資金調達を行う上で、重要となる説明責任や、企業の成長ステージにおける資金調達の手法を説明する。

実務ノート 1

融資を引き出すからくり

ある金融機関から、ある会社の調査を依頼された時のことである。その会社（以下、Z社）は創業7年目、ネイルやダーツなどに関連する商品の卸売りを行っており、商材のブームに乗って急成長したが、直近の売上はかつての5分の1まで落ち込んでいた。商品の販売不振によって業績が急降下した2年ほど前から、借入金の約定弁済を落とすようになったという。銀行としても借入金弁済時期のリスケジュール、いわゆる「リスケ」を余儀なくされている。しかし、何のドキュメントもなくリスケするのは行内の通りが悪いので、Z社を調査し、リスケすれば返済が可能となることを経営改善計画で明らかにしてほしいというのである。

中小企業金融円滑化法が期限切れになる少し前から、このような依頼は増えていた。同法が効いている間は、そもそも銀行は中小企業に弁済を迫ることができない。よって、ドキュメントを備える必要なくリスケが通ったが、同法が期限切れとなって、基本的には金融機関の自己判断となった。しかし同法が失効しても、中小企業の業績が急回復するわけではないから、借入金は相変わらず弁済されない。そうなると逆に、リスケを容認する理由を自分たちで探さないといけないという、なんともお役所的な話である。

◇Z社の緊密関係者

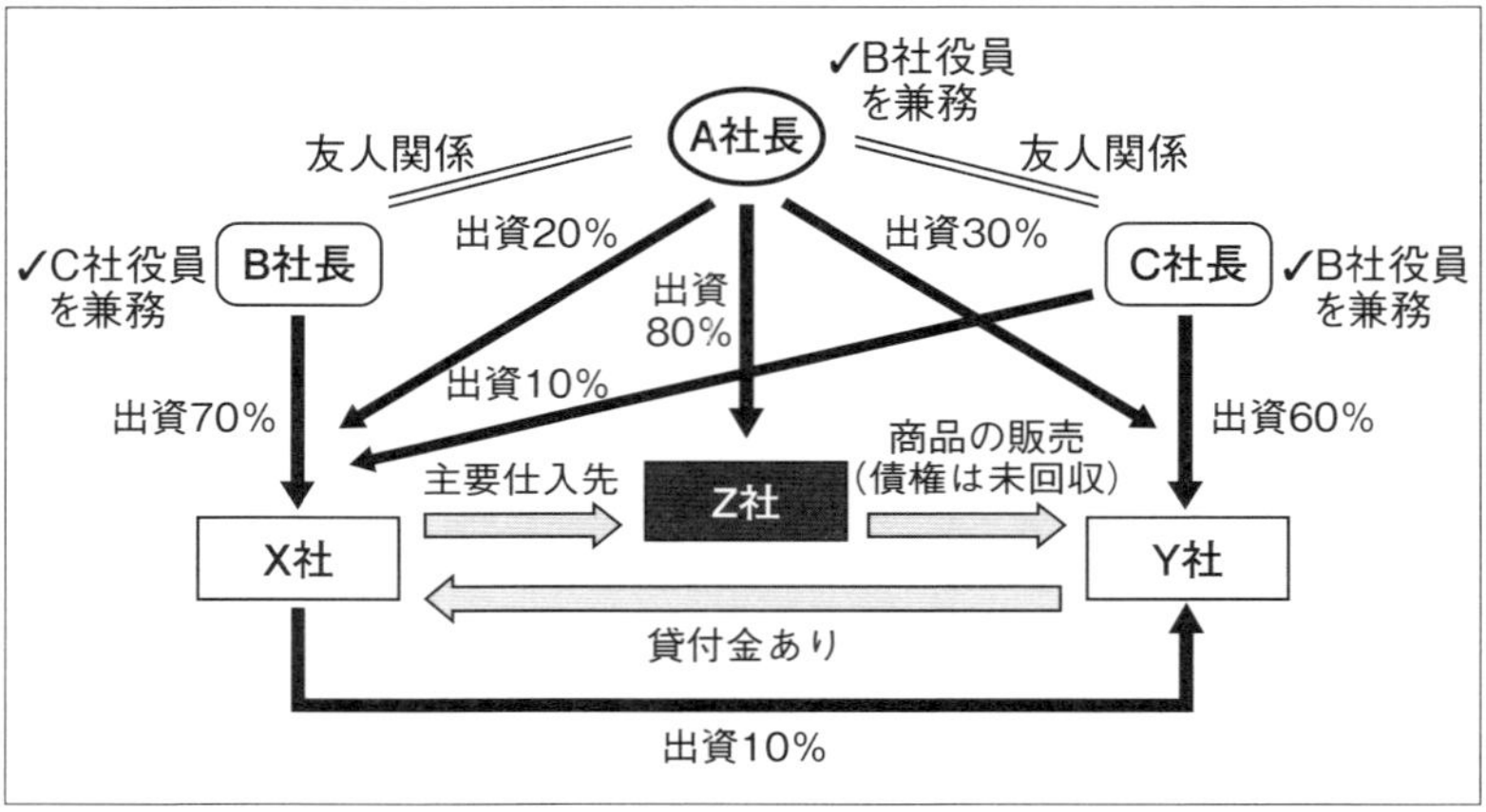

ともあれ、依頼を受けてZ社の調査に入ると、同社の周りに複数の緊密な関係を持つ会社が浮かび上がってきた。緊密な関係とは、Z社と株式の相互持ち合い、役員の兼務、取引関係を持っているような関係であり、大体が同じような社名、業種、事業規模である。その関係の概略をまとめると、**上図**のようなものであった。

まず、Z社の資本関係を設立時点の登記申請書類から追いかける。次に、Z社のA社長が他に役員を兼務する会社や出資している会社をヒアリングして、それらの会社とZ社の間に取引がないか、ある場合、その取引が実態を伴った中身のある取引かどうかを検証する。

浮かび上がってきたX社、Y社の登記簿を取って履歴事項を確認すると、A社長が事実を正しく話していないことがわかる。Z社とX社及びY社との取引内容を調べると、契約書は一枚もなく、請求書も実にあっさりとしたもので、現業のにおいがしない。仮に真剣に取引をしていれば、契約書のやりとりや見積書、価格交渉の形跡などが社内に散らばっているものである。けれどそのような証跡は一切なく、当時の担当者はすでに退職しているという。X社、Y社、Z社の社長や役員は、同じ高校の先輩・後輩の関係にあり…。

私は「ああこれは…」と感じた。かつて何回か見てきた風景に酷似している。既視感といってもよいくらいの同じ感覚。私は一旦、調査を中止した。

取引に関連する証憑が残っていないのは当然である。なぜなら、そこには最初から何の事業もなかったのだから。あったのは実業を仮装し、銀行から融資を引き出すために使ったからくりの残骸である。事業再生というが、Z社の売上は最初から5分の1しかないのだ。

このように複数社が関与して、金融機関から融資を引き出す場合、まず、周りの会社が協力して、融資を目論む一番手の会社に売上を振り当てる。あくまで伝票と見せかけの資金移動で、実際の物品やサービスの提供はさほど重要ではない。なぜなら、取引銀行はそこまで調べにこないからである。そこそこの売上をつけて、対象会社が銀行からの資金調達に成功すると、一番手の会社は二番手の会社に売上をつけるため、今度は裏方にまわる。そうして順繰りに各社が融資を引き出していくのである。一番手の会社で得た資金を「てこ」のようにうまく使って。この時、金融機関の目をごまかすために、決して同じ金融機関をメインバンクにはしない。

それまでの感触を調査依頼してきた金融機関に話すと、担当者はみるみる青ざめて、結局、調査報告はキャンセルとなった。私はそうだろうな、と思った。取引銀行にしてみれば、過去の不祥事を掘り返したところで何のメリットもない。融資先がまっとうに事業に取り組んだ結果の貸倒れなら、そのように処理すればよい。しかし、事業が仮装されていたという懸念が持ち上がれば、ことはそれではすまない。銀行のコンプライアンス経営の観点から、反社会的勢力への情実融資、云々というような話は、銀行にとって痛手でしかない。そのようなことを指摘した調査報告は願い下げであろう。

それに敵もさるもので、実際のところどうであったかの証拠は隠滅されていて定かではない。我々、会計の専門家がいくら調査をしたって、のらりくらりやられるだけで何も出てはこない。

彼らはある時期、銀行から多額の融資を受けて、成果に見合わない役員報酬を受け取り、自由に使った。5年後、返済に行き詰まって銀行から督促を受けるが、銀行が乗り込んできて、会社を潰し、経営者に連帯保証責任を問うかといえば、そんなことはないと知っている、あるいは詰まるところ、それでも構わないのである。周りを見れば自己破産をしている人間が珍しいわけではない。彼らにとって人生のハイライトは、数千万円という今まで見たことのない単位の金を手に入れ、楽しく浪費したその時だったのだ。

現在は融資先企業の素性に対する審査が厳しくなっているが、金余りのバブルの頃にはそのような類の融資も少なくなかった。かつて債務処理に入った際、なぜこの会社に金融機関が融資したのか、理解に苦しむ会社がたくさんあった。今はその反動か、金融機関の反社会的勢力や融資詐欺の類に対する警戒感は相当なものである。経営者確認といって、融資前には必ず社長に会いにくるし、与信判断についても実は行員の現場裁量はほとんどない。

では何に従って与信枠を決めているかというと、悲しいことに与信管理のソフトウェアである。

企業の貸借対照表や損益計算書の数値を打ち込めば、与信管理ソフトウェアが対象企業の評点、「スコアリング」を教えてくれる。銀行員を見ていると、与信管理ソフトに逆に管理されているようでかわいそうになるが、銀行にもそれなりの事情がある。

一時期騒がれた支店や行員の情実融資をなくして、全国一律の与信管理体制を導入しようとすれば、共通の評価基準が必要になる。会計ビッグバン以降、国際財務報告基準（ＩＦＲＳ）へのコンバージェンスを経て会計基準は高度化し、決算書を読みこなすことは、難易度が高い専門職能となってしまった。長い時間をかけて行員を教育し、個人の能力に頼るよりも、ソフトウェアで一律管理したほうが融資の品質管理が簡単なのである。

そのような銀行の事情は理解できるのだけれど、それでもふと心配してしまう。では、どのようなプログラムが、若い経営者の潜在能力を見抜けるのだろうか。

そして、経営者の潜在能力を見抜く優秀な行員の育成なくして、銀行に未来はあるのだろうか、と。

2

事業ポートフォリオ戦略と事業評価指標

企業経営において最も重要な意思決定は、何であろうか？　それはどの事業分野に投資するか、すなわち事業ポートフォリオの決定である。テクノロジーの進展はイノベーションを加速し、製品のライフサイクルは急速に短縮化した。このため現代の企業は、事業拡大やリスク分散を狙ってさまざまな事業分野に投資している。事業分野が多岐にわたると、コーポレート（本社機能）は事業を継続的にモニタリングし、全体最適を追求した舵取りを主導しなければならない。その時に重要になるのは、事業をどのような指標で評価するかである。

悲運の尼崎工場

大阪から阪神高速に乗って神戸方面に向かうと、高速道路は南港で進路を北東に変え、左の眼下に天保山の大観覧車と大阪湾を望み、右手に神戸の山並みを眺めながら、阪神間の海と陸の狭間を流れていく。阪神高速5号湾岸線は海に延びた埋立地の工場地帯を結び、港に物資を送り出す阪神間物流の動脈である。

その湾岸線は、中島川の河口を過ぎたあたりから緩やかにS字を描き、工場地帯の浮島を渡って蛇行していく。この辺りの高速道路から一際目につくのが、前方に整然とそびえる目新しい工場建屋であり、かつて白い壁面の上部には「Panasonic」のブルーの社名が掲げられていた。国内家電最大手のパナソニックが、かつて擁したプラズマパネル尼崎工場群である。

左手海側にあるのが、２００５年９月に稼働した尼崎第１工場（投資額９５０億円）、その手前には２００７年６月稼働の同第２工場（投資額１８００億円）が位置する。そして、高速道路右側にあるのは２０１１年10月に２１００億円を投じて建設され、稼働からわずか２年で生産停止に陥った悲運の尼崎第３工場である。

いずれの工場も同社がプラズマテレビ市場において、世界ナンバーワンのシェアを獲得した際にはフル稼働する予定で建設された。

ところが…、２０１２年３月期決算のパナソニックの貸借対照表にはすでに尼崎工場の資産の大半は残っていない。パナソニックは２０１２年３月期の連結決算で、７７１２億円の当期純損失を計上した。その中で、テレビ事業が所属する「ＡＶＣネットワークス」セグメントから２１２１億円を長期性資産の減損損失（固定資産のうち、将来のキャッシュ獲得能力が低いため認識される特別損失）として費用処理している。その多くが尼崎工場の建物、機械設備、無形固定資産である。

中でも尼崎第３工場は稼働時、世界最大のプラズマパネルの生産能力を誇る最新鋭工場であった。しかし、最終的に一度も１００％稼働することなく、２０１２年３月期に減損処理の対象となり、そのあまりに短い役割を終えた。

当初、パナソニックが世界シェア40％を目論んだプラズマテレビ市場。最大の誤算は、液晶テレビに比べて技術優位にあると思われたプラズマテレビが、その優位性を長く維持できなかったことにある。同社がプラズマテレビに重点を置いたのは、当初、プラズマは画質の面で液晶に優れ、大型テレビの生産にはプラズマディスプレイが適しているとの判断があった。

しかしその後、各社が液晶パネルに積極投資した結果、プラズマに劣らない大型の液晶テレビを生産できるようになってしまった。こうなるとプラズマは消費電力や製品寿命の面で液晶パネルに劣るため、その競争力を急速に失っていったのである。２００５年時点の薄型テレビシェア（液晶も含む）ではサムスン電子と善戦していたが、２０１０年にはサムスン電子の半分以下の約８％までシェアを下げ、後塵を拝した（米ディスプレイサーチ調べ）。さらに1ドル80円台という未曾有の円高が利益を消し去り、あっけなく国内の生産体制は見直しを余儀なくされたのである。

総投資額５０００億円にも上る尼崎プラズマパネル工場は、２０１２年３月期に尼崎第３工場を約１０００億円減損処理し、生産停止。尼崎第１工場は生産縮小し、太陽電池生産拠点への転換を図るが頓挫し断念。国内のプラズマパネル生産は大きく縮小し、尼崎第2工場に集約された。

尼崎工場への巨額の投資が結実しなかったのは、パナソニックが投資すべき事業領域とその規模を誤り、そして投資後の適切な環境適応を怠ったためである。早い段階でプラズマテレビでは戦いにくいことがわかっていながら、次々と設備投資が進む中で、冷静に現況を見直して方針転換を打ち出すことができなかった。工場の操業度が上がらず、監査法人に多額の固定資産減損を迫られてようやく、経営判断の誤りを認めたのである。

もし、当時の経営陣が世界シェア40%に拘泥せず、投資後のマーケットの状況に応じて、プランA（目標を上回る楽観的な想定）、プランB（目標通りの中立な想定）、プランC（予想を下回る悲観的な想定）ごとに条件に合った行動計画を用意していれば、ここまで損失が拡大することはなかった。

コーポレート（本社機能）は、投資後もマーケットや競合他社、技術の動向を注意深くモニタリングして、環境変化に応じた舵取りを主導すべき立場にある。本来、全事業の情報を集約し、全体最適の観点から意思決定すべきコーポレートが当初計画を盲信し、不都合な事実を受け付けなくなった時点で、投資リスクは制御不能となる。その先に待っているのは、2100億円を投じた最新鋭工場が稼働からわずか2年で操業停止となる、取り返しのつかない投資の大失敗である。

このような投資後のチェック機能を、最前線で戦う事業部やカンパニーに期待することはなかなか難しい。彼らは当時、プラズマテレビが最も美しい画質である信じ、世界シェア40%を達成するために日々、競合他社と戦っていた。最前線の現場で事業目標に疑問を抱くことは、事業部の無能を認めるようなものである。どんなに不採算が続いている事業でも、現場から撤退や投資の見直しを申し出てくることは、まずもってない。

そのような判断はコーポレート（本社機能）がなすべき仕事である。事業部の後ろから客観的に状況判断しうるコーポレートが企業グループの進むべき事業領域を選定し、投資後も適切に軌道修正していくことが、いかに重要で重責の伴う経営課題であるか。長期的な戦略的意思決定の誤りを短期的な戦術で覆すことは難しいのである。

図表2－1はパナソニックが最終連結赤字7721億円を計上した2012年3月期の事業ポートフォリオの分布である。

横軸が各セグメントの売上高成長率（前期比）、縦軸が事業の営業利益率、そしてバブルの大きさが営業利益（又は損失）の絶対額を表している。

同社の事業ポートフォリオの主軸はアプライアンス（いわゆる白物家電）とエコソリューションズ（住宅・住宅設備関連）であり、それぞれ815億円（営業利益率5.3%）、589億円（営業利益利率3.9%）の営業利益を計上している。しかしながら、この2つのセグメントの売上成長率は鈍化し、いずれも成熟期に差し掛かっている。このため将来的には売上成長率が6.8%と高いオートモーティブで競争力を高め、売上高、営業利益の新機軸としていく必要がある。

一方で、すでに売上高成長率がマイナスに転じている事業を多数抱えている。その中で最大の経営課題が、営業損失679億円を計上したテレビ事業が属するAVCネットワークの黒字化である。同セグメントは売上高成長率が前期比▲20・6%に達していることからも、市場環境が急速に悪化し、

図表２－１　パナソニックの事業ポートフォリオ

◇2012年３月期決算

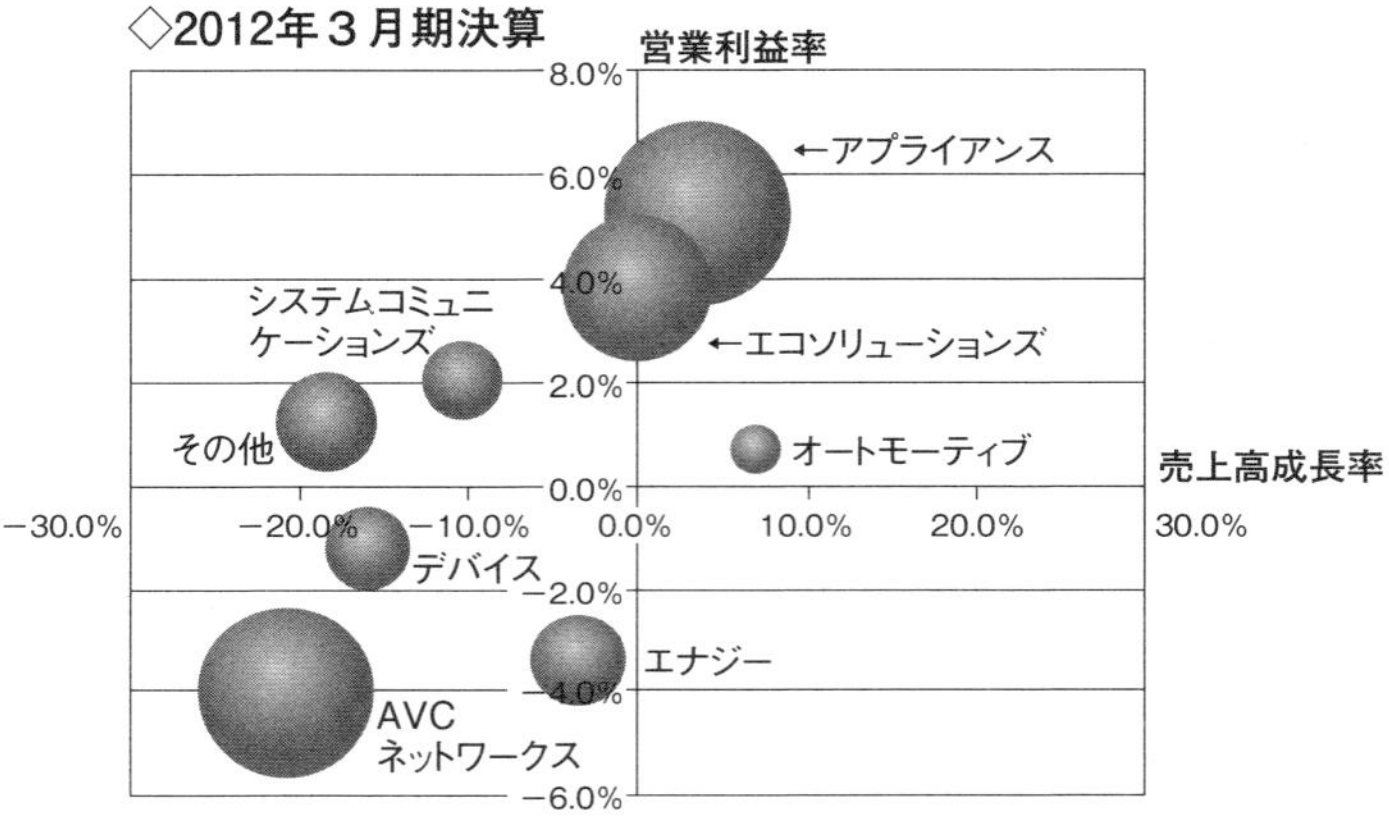

セグメント	製品分野
AVCネットワークス	テレビ・レコーダー、デジカメ、航空機内AVなど
アプライアンス	家事、調理、理美容、健康食品、空調管理
システムコミュニケーションズ	システムネットワーク、モバイル通信関係
エコソリューションズ	ライティング、エナジーシステム、ハウジング、エコシステム
オートモーティブ	車載マルチメディア関連、環境対応車など
デバイス	電子部品、半導体、光デバイスなど
エナジー	太陽光発電システム、リチウムイオン電池
その他	ヘルスケア、マニファクチュアリングS、パナホームなど

（単位：億円）

セグメント/項目	売 上 高	営業利益	営業利益率
AVCネットワークス	17,135	▲679	▲4.0%
アプライアンス	15,342	815	5.3%
システムコミュニケーションズ	8,409	173	2.1%
エコソリューションズ	15,258	589	3.9%
オートモーティブ	6,532	49	0.8%
デバイス	14,046	▲166	▲1.2%
エナジー	6,149	▲209	▲3.4%
その他	18,809	236	1.3%

注）売上高及び営業利益（損失）はセグメント間取引の消去前である。
出所：有価証券報告書より筆者作成

事業規模の維持が困難であることがわかる。

その他、デバイスとエナジーのセグメントが売上高成長率、営業利益ともにマイナスである。成長率がマイナスの事業分野で赤字を計上しているのだから、早急にコスト削減を図って黒字化するか、事業の縮小・売却も視野に入れて、損失を最小化すべきセグメントである。

これに対して、システムコミュニケーションズやその他セグメントは、売上高成長率はマイナスであるものの、着実に営業利益を稼いでいる。これは事業規模の縮小にあった経営ができていることを意味し、残存者利益を長く享受することを考えねばならない。

パナソニックが２０１３年３月に発表した新中期経営計画では、今後の成長分野として自動車、航空機、住宅産業向け事業を掲げ、テレビ事業など不採算家電からの脱却を目指す方針を明確にした。セグメントでいえば、オートモーティブやエコリューションズといった、さらなる市場成長が見込める分野や自社ポジションが優位な事業に経営資源を特化し、事業の「選択と集中」を図るという方針である。

このようにパナソニックの事業ポートフォリオを分析すると、経済の低成長下で事業規模を継続的に維持・拡大し、利益を獲得していくことが、いかに難しい経営課題であるかがよくわかる。

企業が決定した事業ポートフォリオの結果は、長期にわたって企業業績を左右する。投資は一旦、実行されれば、その事業領域で投資を回収しきるか、それが困難であれば損切りして撤退するしかない。簡単に後戻りはできない意思決定なのである。だからこそ会計参謀（ＣＦＯ）は、事業ポートフォリオの現状を常に見直して、その最適化に取り組まなければならない。

図表２－２　経営計画の戦略内容

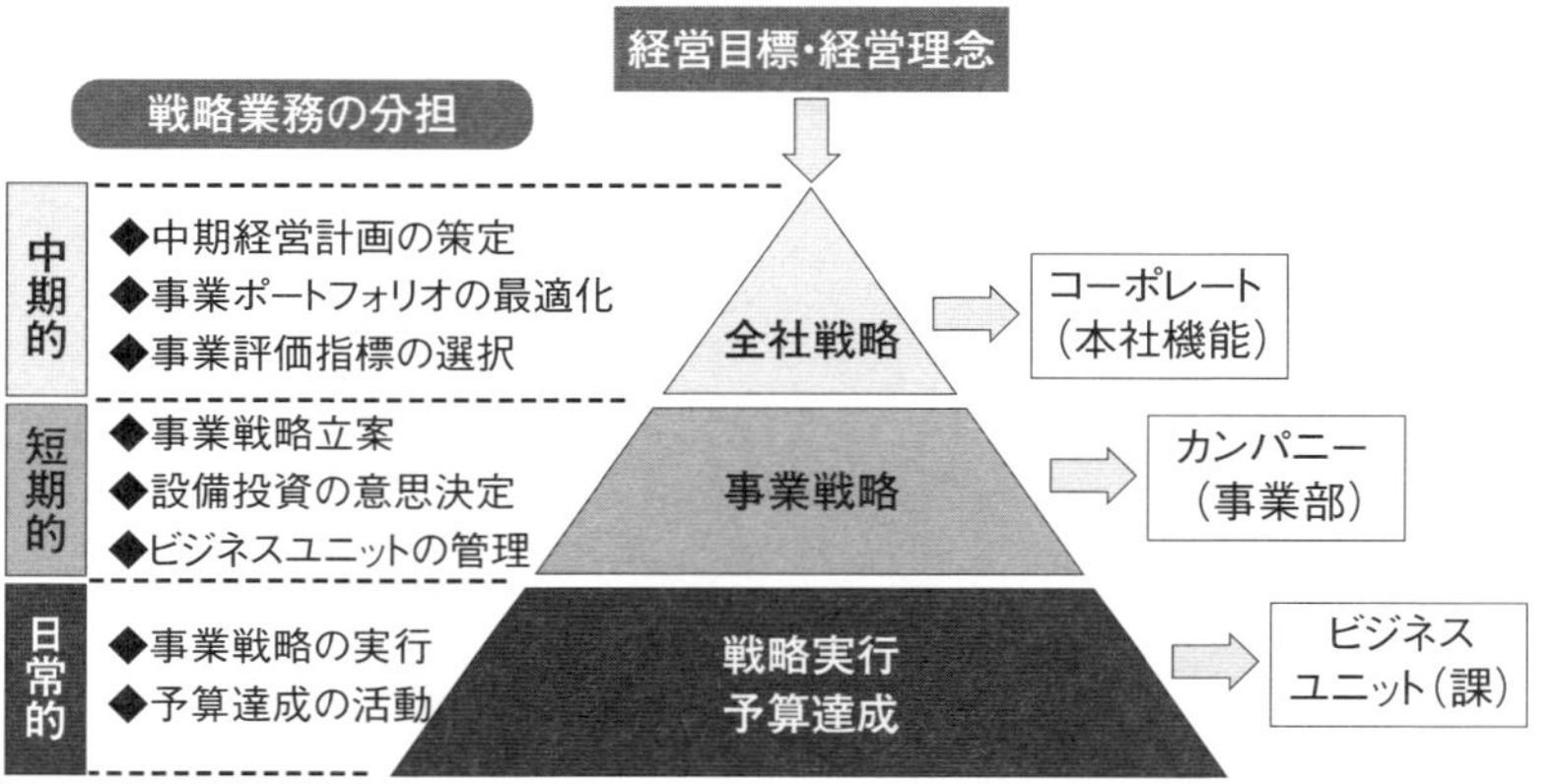

全社戦略と事業戦略

経営戦略は大きく全社戦略と事業戦略に分けられるが、事業ポートフォリオの策定は、全事業に影響を及ぼすことから、全社戦略の一つに位置付けられる。

全社戦略とは、大きくいえば、企業がその経営目標を実現するために企業グループの人、モノ、資金、情報などの経営資源を複数の事業にいかに配分していくか、企業グループの全体利益に関わる戦略をいう。このような全社戦略は、グループ内の経営情報すべてが集中するコーポレート（本社機能）が担うべきであり、実務的には親会社の本社戦略部や持株会社がこれを策定することになる。

これに対して、事業戦略は特定の事業分野の中で、開発、製造、販売をどのように最適化するか、特定事業に関する競争戦略を指す。そこでは与えられた経営資源を所与として、部分最適を追求するカンパニー（事業部）

の思考で経営が進められる。実務的には、中小規模の設備投資や、開発戦略、製造戦略、営業戦略、予算管理にコスト削減など、事業の競争力を高めて、競合他社に勝つための施策が事業戦略である。

特定の事業分野で経営目標を達成するための事業戦略は、カンパニーや事業部の戦略部に権限委譲されるべきである。なぜなら事業の最前線で顧客と接し、製品を作っているのは事業部であり、タイムリーな情報をもとに現場が機動的に意思決定できなければ、顧客ニーズに迅速に対応できず、競合に打ち勝つことは難しいからである。些細なことまで意思決定に時間のかかる会社は、中央集権体制が厳格すぎて、この権限委譲がうまくいっていない。職務権限規程が複雑すぎると、小さな現場判断まで多くの会議体を通さなければならず、意思決定のスピードが落ちてしまう。

さらに、事業部が策定した事業戦略を実行し、予算達成に向けた行動を担うのが、ビジネスユニットや課といったより下部の組織単位である。

このように現代のコングロマリット化した企業グループでは、経営目標を達成するために、コーポレート（本社機能）、カンパニー（事業部）、ビジネスユニット（課）など、各階層が担うべき戦略業務は適切に分担される必要がある。基本的にある物事を意思決定する場合、そのために最も必要とされる情報が集まる組織が、それを意思決定すべきである。この分権化の適切性が意思決定の精度を決めるといっても言い過ぎではない。

企業の中に入ると、コーポレートの役員でありながら、出身事業部の利益ばかりを本社で主張していたり、現場のビジネスユニット長が日常業務そっちのけで、コーポレートの全社戦略を声高に批判している場面に出くわす。いずれも組織における適切な業務分担を認識していないためであり、これが全社レベルで起こり始めると、部分最適や指示待ちが横行し、企業の統制は危険な状況に陥る。コーポレートの役員は企業グループ全体の利益を見て意思決定を行い、一方でカンパニーの執行役員は事業の競争優位を最優先に意思決定すればよいのである。中期経営計画の発表の度に、経営組織の再編をしている会社をよく見るが、これは組織と権限委譲のマッチングがうまくいっていない会社の典型である。

例えば、コーポレートが心情的にカンパニーに近すぎて、不採算事業からの撤退といった提案が起こりにくい場合、持株会社を設立してコーポレートはカンパニーと距離を保ち、持株会社として冷静に事業性を判断できる体制にすればよい。

また逆に、コーポレートの権限が強くなりすぎた場合は、事業部制を復活し、より多くの権限を事業部に与えることで、コーポレートと事業部の距離を縮めることがある。さらにカンパニー間の壁が高くなりすぎて、セクショナリズムの弊害が過ぎる場合は、クロスファンクショナル（組織横断型）組織を作るなどして、職能ごとの合理化を図ることがある。

中期経営計画の中に、持株会社化や事業部制の復活、クロスファンクショナル組織などが盛り込まれるのは、戦略分担に最適な企業統治（ガバナンス）を模索した結果である。

最上位のコーポレートから下部のビジネスユニットに至るまで、各階層が何の情報をもとに、何を意思決定し、その結果に誰が責任を負うのか。これを明確に示すことは、経営戦略の確度を高める上で重要な社内ルールである。

「中期経営計画」の内容とは？

近年、上場企業は、（まだ数は多くはないが）少しずつ中期経営計画を公表するようになってきた。この中期経営計画こそが、企業グループがこれから目指す将来像とその実現手段、すなわち全社戦略を社内外に説明する重要な資料である。

そもそも全社戦略は、企業グループの大きな経営目標や投資分野を決定する領域であるから、一定の期間が経過しなければその成否は明らかにならない。このため、全社戦略を経営計画との関係で見れば、一般的に企業が3年ごとに策定する中期経営計画の中で示される。

近年は企業が経営計画を示す場合も、中期経営計画が大半で、5年以上の長期経営計画というのはほとんど見なくなった。これは企業を取り巻く経営環境の変化が激しくなり、長期の経営計画が立てづらく、無理やり長期計画を立てても実現可能性が乏しいためであろう。急速に環境が変化する状況では、5年先のことまでコミット（確約）できない。現実的には3年程度の中期経営計画が、経営者によって示される企業の最も長い将来像となる。

では、企業が公表する中期経営計画には、どのような情報を織り込むべきであろうか。**図表2-3**は、私が考える中期経営計画に織り込むべき内容である。企業外部からある企業グループの経営戦略を判断するにあたって、最低限必要な情報である。

Ⅰ　過去業績の振り返り【数値目標の達成度・原因分析】

中期経営計画を説明する前に、直近までの決算がどのように推移し、過去の中期経営計画を達成できたのか否か。達成できなかった場合は、それがどういう原因によるかを分析し、経営課題を特定しなければならない。過去業績の振り返りである。新しい3カ年が始まるといっても、それは今の会社の延長線上にしか存在しえない。会社の「過去」と「現在」に正しく向き合えていないのに、将来の計画など現実味を持たないのである。まず最初は、企業グループの現状認識を正しく伝えることが、スタートラインである。この時点で過去の業績が悪いにもかかわらず、その現実に誠実に向き合えていないならば、その先の中期経営計画の実現可能性は極めて低い。

図表２－３　中期経営計画の骨子

Ⅰ　過去業績の振り返り
　数値目標の達成度・原因分析

Ⅱ　中期３カ年計画
　(1)　経営理念・経営目標
　(2)　経営戦略
　　①　事業ポートフォリオの決定
　　　✓事業領域の選定と想定投資額など
　　　✓開発ロードマップの説明
　　②　事業戦略の骨子
　　　✓競争戦略の基本的方針
　　③　経営組織の再編
　　　✓持株会社化・分社化・横断組織の組成
　　④　事業評価指標の明確化
　　　✓売上高利益率、投資効率、EVA®など

Ⅲ　到達目標（コミットメント）
　３年後に会社が到達すべき数値目標

Ⅱ　中期3カ年計画

会社の過去、現在に対する客観的な認識をした上で、来たる3カ年の計画を立案する。最初に会社の存在価値ともいえる経営理念や、企業体として目指す経営目標を明確にする。これは社会におけるその会社の存在価値とでもいうべきものである。会社は法的には所有者たる株主のものであるが、上場企業ともなれば利害関係者も増加し、業界全体の活性化や従業員の幸せなど、社会的な役割期待を背負っている。株主利益とともに企業グループが考える経営理念や経営目標を伝えることはパブリックカンパニーの社会的責任である。

次に経営戦略であるが、最初に示すべきは事業ポートフォリオに対する考え方である。これから3年間で会社がどの事業領域に投資し、利益を獲得していくのか。想定される投資額とともにその事業領域の魅力や将来性を伝える。その際に会社が考えている自社製品の開発ロードマップなどを示し、技術と市場の親和性などを説明する。

そして主要事業における事業戦略の骨子を示す。ここではあくまで骨子であって、事業戦略の細部まで示す必要はない。重点的投資、コスト削減、R＆D強化など、事業戦略の基本的方向性を提示する。

さらに会社経営を進めていく上で、現状の経営組織では非効率であったり、あるいは弊害があるため経営組織を再編する場合、その概要が示される。近年では持株会社化やクロスファンクショナル組織の設置、事業セグメントの統合・分割などがこれにあたる。

そして事業評価指標の明確化である。これは企業グループにおける各事業を、どのような会計的指標で評価していくのかという判断である。いくら戦略を伝えても、その効果を測る「ものさし」がなければ、評価ができない。企業グループが何の指標を重視して経営していくかは、社内外の利害関係者にとって重大な関心ごとである。売上高、売上高利益率（ROS）、総資産利益率（ROA）、FCF、EVA®（以下、®略）などの事業評価指標から、企業グループが考える最適な評価基準を選択する。

Ⅲ　到達目標（コミットメント）

最後に、3年後に到達する企業グループの数値目標を示す。これは事業の評価指標と同じく、事後的評価に耐えうる会計的指標である。企業グループとして、売上高、利益率、有利子負債の削減といった指標の到達目標を示し、経営者がその達成を対外的にコミットすることで中期経営計画は完結する。

事業ポートフォリオの必要性

さて、事業ポートフォリオに話を戻そう。中期経営計画で指摘したとおり、事業ポートフォリオは中期経営計画の中核をなす。

しかし現代は、企業がコア事業とは何か、成長分野とは何かを非常に見出しにくい時代である。だからこそ、企業グループが持つ経営資源を分析し、将来どの事業領域に投資を実行していくかを慎重に議論しなければならない。企業が現在、そして将来において、事業活動を行う領域を選定し、その組み合わせを最適に維持することが、事業ポートフォリオ戦略である。

高度成長期のように大半のセグメントが安定的に成長し、製品のライフサイクルが総じて長ければ、さまざまな事業分野に多角化し、事業リスクを分散させるメリットはあまりない。逆に事業のスケールメリットを失い、非効率になるおそれがある。

ところが、テクノロジーの進展はイノベーションを加速し、製品のライフサイクルは短縮化した。加えて、成熟した社会では顧客の価値観は多様で移ろいやすい。このように事業を取り巻く経営環境が急速に変化する状況では、単一事業しか持たないことの経営リスクは顕在化する。企業は常に技術革新のスピードや顧客の嗜好の移り変わりを視野に入れて、新たな事業分野を開拓する必要に迫られている。

しかし、現在の日本企業を取り巻く環境はこれまでになく過酷である。バブル経済崩壊後、景気回復の兆しが見えた２００８年、リーマンショックによって世界規模で急激な景気の縮小が起こり、各国中央銀行は大量の資金を市場に供給し続けた。わが国でも景気の先行き不安と金余りがデフレ経済を招き、企業は消耗戦ともいえる戦いを強いられている。日銀の異次元の金融緩和も未だに明らかな物価上昇という大目標を達成できないでいる。金ばかりが市場に溢れて資金調達は容易だが、民間の購買力が伴っていないため、有望な投資対象が見つからない。

産業動向を見れば、国内産業はハイエンド化したものの、国内でしか通用しないガラパゴス化を招いた。製造業に代わってサービス業のＧＤＰに占める割合が増加したが、サービス業はもともと内需主導で輸出にはそぐわないから、経済成長を牽引するほどの力はない。製造業においては２０００年代から急激に中国企業が台頭し、価格では太刀打ちできない日本企業はシェアを落とした。そして今は、中国経済の急減速・不透明感が世界経済の不信感を集めている。

企業内環境では急速な少子高齢化により組織が老成し、従業員は以前ほど働かない。非正規雇用が増加し、会社に対するロイヤリティは薄れている。経営課題は山積しているのに、戦後、経済の復興を支えてきた経営者が第一線を退き、問題解決できる経営者人材が不足している。

日本企業は、これら外部経済環境や、産業動向、企業内環境の激しい変化に適切な対応を求められてきた。このような環境下で、企業価値を高めるには環境変化に適応して、機動的に事業内容を見直していく必要がある。もはや一つの事業分野で勝てば10年間にわたって会社が安泰な時代ではないのである。

現在のコア事業とは何か。3年後の事業ポートフォリオはどのように変遷していくのか。中長期的な事業の「選択と集中」により、ノンコア事業を切り出すとともに、コア事業の先に新たな事業分野を開拓していかなければならない。単一事業に固執すれば、その事業が衰退期を迎えた場合、売上が急降下して、企業継続の危機に陥る。液晶事業に過度に依存したシャープの凋落がその実例であり、同社は2015年度から始まる中期経営計画において、事業ポートフォリオの再構築を重要課題に掲げている。

このため企業が中長期的な視点に立って、企業グループの事業領域の組み合わせを最適に保つことが、事業ポートフォリオ戦略を策定する目的であり、次のようなメリットが挙げられる。

(1)　事業に対する最適な資源配分

企業が複数の事業分野に進出する場合、現在進出している事業、また将来的に進出を考えている事業に対して、企業グループの経営資源を適切に配分することができる。

人材、設備、資金といった経営資源は限りあるものである。全社的視点からより重要性の高い事業分野に、戦略的に経営資源を配置することは、事業ポートフォリオ戦略の最大のメリットである。

例えば、資金量に限りがある場合は、より投資効率の高い事業分野へ資金を投下すればよいし、不採算事業の黒字化が急務である場合は、優秀な人材を選抜的に当該事業分野に投入することができる。コーポレート（本社機能）が積極的に事業の情報を収集し、意識的にこれを調整しなければ、経営資源の配分が最適化されることはない。

この最適な資源配分において大切なのは、「過去」の視点ではなく、「未来」を見据えた視点である。企業グループには大抵、過去の業績から「花形」と目される事業がある。「いま会社があるのはあの事業のおかげ」とか、「社長ポストはあの事業部門長の指定席」といわれるような事業である。社内リソースの最適配分においては、このような過去の視点は捨て、未来の成長分野にこそ、多くの資金、優秀な人材、生産性の高い設備を配分すべきである。カネボウの繊維事業やソニーのテレビ事業など、過去の花形事業に引きずられて、事業ポートフォリオの再構築が進まなかった企業は数多い。

(2)　複数事業に展開することによるシナジー追求

現有する事業との間にシナジー効果を狙った新たな事業の展開が可能となる。

シナジー（相乗）効果とは、1＋1＝3となるように、現有する経営資源との相性が良い事業分野に進出することで、独立して事業運営する（スタンドアローン）よりも相互に高い成果が得られる効果をいう。

例えば、最近は小売業がこぞってプライベートブランドを打ち出している。小売業は日々、顧客に直に接して購買動向を熟知している。これらの情報を商品開発に活かし、また、販売に際して自社製品を優先的に店舗の良い棚位置に割り当て、プライベートブランドの販売を促進することができる。あるいは、エリアは異なるが同業を営んでいる企業同士が合併し、基幹システムのプラットフォームや管理部門を共通化できれば、システム開発費や管理費を削減することができる。このように自社の事業特性を常に分析し、事業間のシナジー効果を追求することで、複数事業の効率を高めることができる。

(3) 複数事業に展開することによるリスク分散

これは(2)シナジー効果とは真逆の使い方である。事業にはライフサイクルがあり、成長期からいずれ成熟期、衰退期へと移り、市場規模が縮小して売上高が減少していく。似通った属性の事業分野ばかりだと、ライフサイクルの衰退期が重なり、経営成績の変動幅（ボラティリティ）は高まる。これを防ぐために、ＢｔｏＣ事業、ＢｔｏＢ事業、景気変動事業、Ｒ＆Ｄ事業など、属性の異なる事業分野に多角化し、ライフサイクルの波を平準化して事業リスクを分散するのである。

近年はかつてのように一つの事業分野が長く収益をもたらしてはくれない。このため異なる性質の事業分野に複数進出し、単一事業に対するリスク集中が業績を揺らさぬよう、経営の安定化を図るのである。

(4)　撤退事業を見極め，早期撤退を推進する

事業ポートフォリオの中に不採算事業を抱える場合（あるいはその兆候がある場合）、事業の撤退基準を明確にすることで、不採算事業の早期撤退を促し、企業価値の毀損を最低限に抑えることができる。

長年、不採算が続いている事業であっても、現場から撤退の提案が起こることは、まず期待できない。入社以来、愛着を持って邁進してきた事業に将来性がないなどとは、現場責任者はなかなか認められないし、言い出せることではない。事業部から少し離れたコーポレートが一定の撤退基準に従って、例外なく不採算事業に対処することで、不採算事業部の甘えやコーポレートとの馴れ合いをなくし、不採算事業に早い段階で向き合うことができる。特に日本企業の場合、かつての終身雇用・年功序列のもと、上場企業の経営者は大半がサラリーマン経営者である。入社以来の仲間意識が邪魔をして、赤字事業からの撤退を決断することは容易ではない。結果的に、長期にわたって不採算事業が放置されるケースが多い。明確な撤退ルールを持つことで、そのような社内のしがらみに引きずられない不採算事業への早期対処が可能となる。

事業ポートフォリオ管理とＰＰＭ

事業ポートフォリオを管理するツールとして、最も有名であるのは、おそらく１９７０年代にボストンコンサルティンググループ（以下、ＢＣＧ）が開発したプロダクトポートフォリオマネジメント

図表２－４　プロダクトポートフォリオマネジメント（PPM）

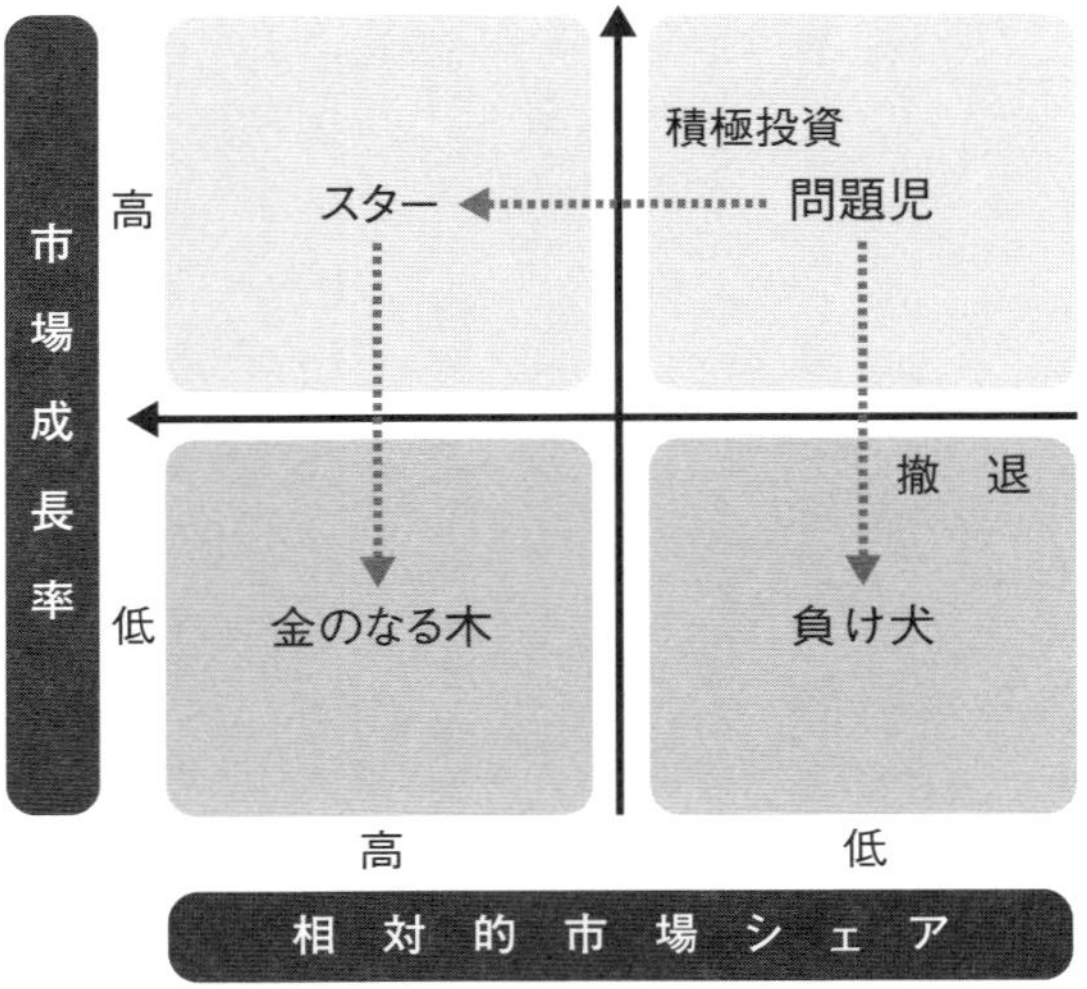

分類	施策
スター	市場で勝ち残り「金のなる木」へ
金のなる木	シェア維持に努め、投資を回収
問題児	積極投資して「スター」に育てるか見極め
負け犬	将来性乏しく撤退

（以下、ＰＰＭ）であろう。

これはある企業が営む事業について、縦軸に当該事業分野の市場成長率の「高」「低」、横軸に当該事業分野における自社の相対的シェアの「高」「低」と大きく4つのカテゴリーを設け、事業をいずれかにプロットした上で、その位置付けと処方箋を明確にしていくものである。

市場全体の成長率が高いにもかかわらず、自社の相対的シェアが低い「問題児」は、自社が当該市場において出遅れていることを意味し、積極的に投資して競合に追いつくか、撤退するかという判断が求められるカテゴリーである。

「問題児」に対して積極的な投資が奏功し、市場成長率が高いまま、自社の相対的シェアも高くなった事業は、魅力ある事業分野で自社の競争力が高いことを意味し、事業ポートフォリオにおける花形「スター」である。

そして事業のライフサイクルが成熟期に至り、市場成長率は減速しても、引き続きシェアを高く維持している事業分野は、「金のなる木」といわれる。これは成長期「スター」の時はシェアを維持するため、未だ投資が必要であるが、成熟期に入ると投資負担が減り、競争に敗れた競合他社が撤退を始めるから、最後まで高いシェアを維持した自社が残存者利益を享受することを想定している。

また、自社のシェアが低いまま市場成長率が低くなった事業は、当該事業分野で最後まで存在感を示せなかったことを意味しており、不採算事業「負け犬」である。

通常は、市場成長率が高いが自社のポジションが低い「問題児」に対し、自社のシェアを高めるために投資と戦略を駆使し、なんとか「スター」に育て上げるよう各社は凌ぎを削る。その結果、競争に勝てば、当該事業は「スター」を経て、やがて「金のなる木」となり、企業にキャッシュをもたらす。反対に経営戦略を誤り、シェアが低いまま市場成長率が鈍化すれば、「負け犬」であるから、早々に事業撤退し、キャッシュアウトを最小限に止める必要がある。

ＢＣＧのＰＰＭは、当時の企業経営者に事業ポートフォリオを管理するという、新たなコーポレートの役割を認識させ、その視覚的なわかりやすさもあって大きなブームを巻き起こした。

製品ライフサイクルと会計的思考

ＰＰＭは事業の市場成長率を一つの分類指標としているが、会計的思考を経営判断に取り入れる局面でも、ライフサイクル（市場成長率）との関係は有用な示唆を与えてくれる。すなわち、事業の創業期、成長期、成熟期、衰退期といった事業のライフサイクルに応じて、活用すべき会計的思考やツールは異なる。**図表２−５**は事業から得られるキャッシュフローを縦軸に、時間を横軸に取り、事業のライフサイクルとキャッシュフローの関係を示したものである。

(1)　創業期

①　事業分野への進出を開始する時である。市場が形成され始めた時期で、将来の事業性を評価し、事業進出するかどうかを判断する。この段階では中期的計画を策定して事業開発予算を取り、事業のいち早い黒字化に向けて、事業運営に必要な人、設備、情報といった経営資源に資金を投下する創業の時期である。

②　事業開発予算がついた時から、中期経営計画に沿った単年度の予算管理がスタートする。中期経営計画をブレイクダウンして、単年度の予算計画が組まれ、月次で予算と実績の差異分析が行われる。これは事業開始から終了まで継続的に続けられる事業のモニタリングである。

③　事業成長に対する期待は高まるが、組織が拡大し、ランニングコストも多額となる。未だ売上高は軌道に乗らず、キャッシュアウトは大きくマイナスである。事業を継続して当該事業での生

図表2－5　製品ライフサイクルと会計的思考

～どのタイミングで何を意思決定すべきか～

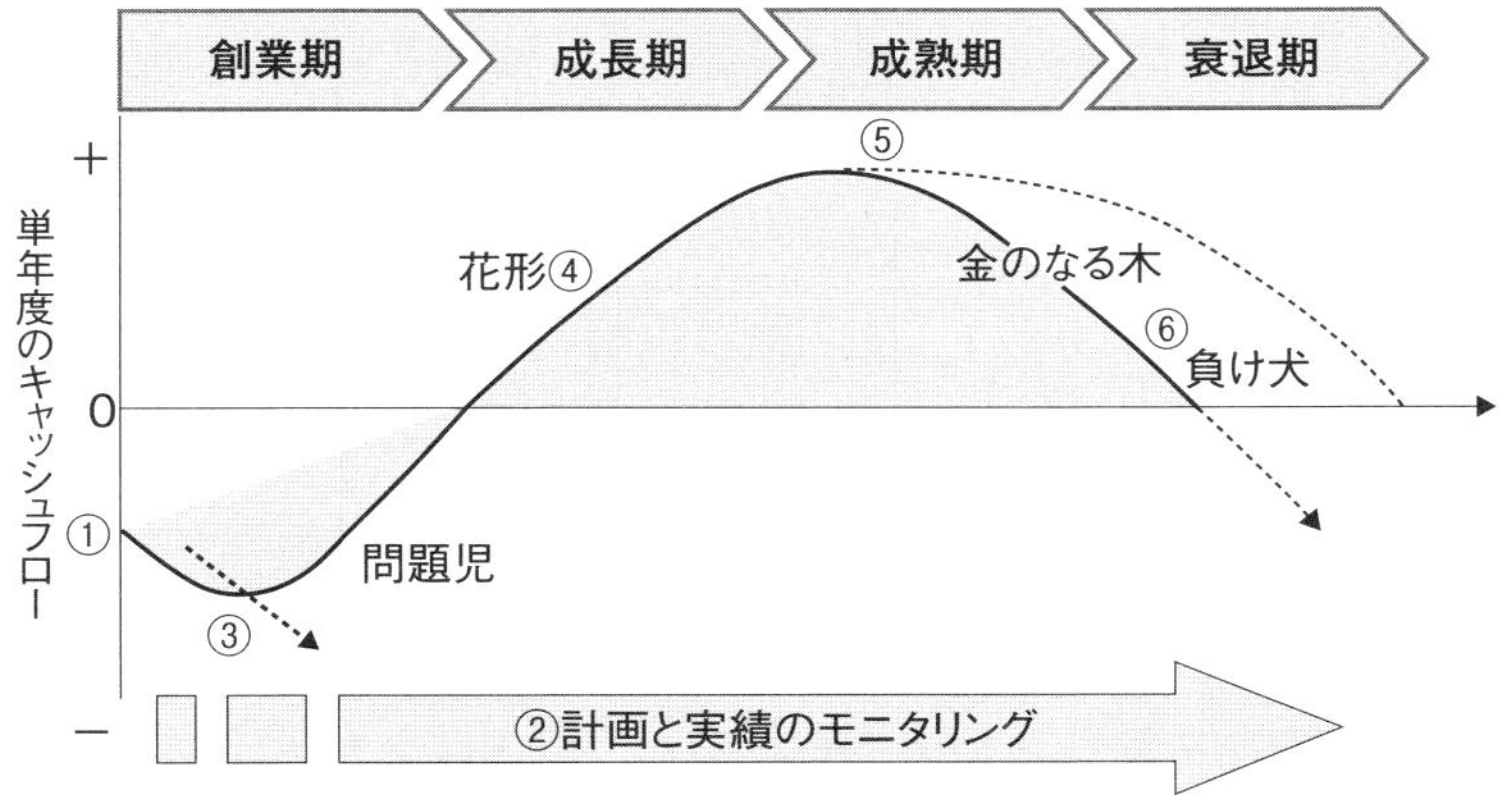

き残りを目指すか、強力な競合が存在する場合は事業撤退し、早期に損切りを図る。中途半端に事業を継続すると、キャッシュアウトがどこまでも広がる（下方矢印）危険な時期である。

この時点で、設備投資計画がある場合は、将来キャッシュフローを見積もり、割引現在価値を算定して、投資案件の経済的合理性を客観的に判断しなければならない。それは戦略的意思決定の分野である。

(2)　成長期

④　事業戦略が奏功し、市場成長率が上昇して売上高が急増する。先行者として自社の相対的シェアも高まっており、営業キャッシュフローが黒字化し、事業が採算に乗り始める。自社のシェアを盤石にするため、依然として投資意欲は旺盛である。黒字化によって獲得した営業キャッシュフローから投資を継続している。

(3)　成熟期

⑤　事業が成長期から成熟期に入る転換点である。顧客が製品の機能に飽き始め、売上高は減少に転じる。売上高＝販売単価×販売数量であるが、最初に販売数量が低下し始める。このように市場に停滞のシグナルが出ると、間もなく販売単価が下落する。これは在庫が積み上がるのを恐れて、各社が価格を下げてでも製品の在庫処分に走るためである。

この時期は、製品のライフサイクルを延ばすために新機能の追加を模索したり（⑤の点線）、保守メンテナンスの充実など周辺事業の可能性が検討される。ここから高いシェアを維持し続ければ、その後、事業は長期にわたって残存者利益を見込める「金のなる木」となる。

事業のＥＸＩＴ（出口）を考えれば、この時期は事業が高く売れるタイミングである。市場で勝ち残り、残存者利益を得ている事業には多くの買い手がつく。製品寿命が尽きるまで自社で事業を継続するのか、事業売却してキャッシュに換えるのかを判断する時期である。

(4)　衰退期

⑥　事業のライフサイクルが衰退期に入り、製品寿命が尽きる間際である。キャッシュフローがマイナスになると有償での事業売却は難しくなるため、赤字に陥る前に事業のＥＸＩＴ（出口）を考えるタイムリミットとなる。最後まで事業を継続して営む場合には、自分たちで事業撤退を行う覚悟が必要である。売却するのか、撤退するのか。ここから売上は加速的に減り続けるから、この判断を先送りにすると後に大きく企業価値を損なうことになる。

このように事業のライフサイクルと会計上のキャッシュフロー（あるいは利益概念）を紐付けて会計的思考の活用を考えることは、事業の状況をより正確に把握し、いま何を判断すべきかを知る上で非常に役に立つ。事業のライフサイクルに応じて、意思決定すべき内容は異なり、そのために求められる会計的知識や情報も異なるからである。

例えば、事業が成長期に入り積極的に投資する局面では、将来キャッシュフローを見積もって正味現在価値を算定しなければ、投資案件の経済的合理性を判断することはできない。また、事業が成熟期に入れば価格下げ圧力に備えて、予算実績管理を徹底したり、活動基準原価計算を導入して原価低減を図るなど、価格競争力を高める施策を講じるべきである。さらに、事業が衰退期に入り事業売却する場合は、いくらで売却するか、企業価値の算定が重要な意思決定情報となってくる。

事業部の上の階層である企業グループの全体戦略としても、投資に必要な資金量や事業売却から得られるキャッシュの金額を予測できなければ、資金調達計画を描くことができない。

要するに事業戦略を適切に遂行する上でも、全社戦略を立案する上でも、会計的思考を持って経営戦略を俯瞰し、その事業ステージにおける判断の要諦を知っておくことは、経営判断の質を高めることにつながる。

しかし多くの会社は、事業に投資後、経理から上がってくる財務会計の数値を眺めているだけで、投資後、いつ、どのような情報を基礎に、何の意思決定をすべきか。事業のライフサイクルに応じた経営課題の認識（掘りおこし）や会計数値の活用が十分ではない。投資後、どのように事業をモニタリングしていくかが曖昧であれば、初動で遅れをとってしまう。

事業投資は本来的に不確実性の中で行われる意思決定である。技術革新のスピードや競合他社の状況、自社の製造技術の優位性など、大半が不確実な状況で投資判断を求められる。もちろん投資判断の時期を遅らせれば、相対的に不確実性のリスクは減少するが、仮に競合他社がそのリスクをとって先行投資を行えば、自社が先行者利得を享受する芽はなくなる。結局は、低いリスクに見合ったリターンに落ち着くことになる。先行者になるには、事業成長のステージに応じた経営課題を認識し、これに早期に対処する鋭敏な経営姿勢が必要である。

事業評価指標の変遷（売上高からＲＯＥまで）

事業ポートフォリオの戦略にあたって、どのような事業評価指標を用いて自社の各事業を評価すべきか。これについては、これまで多くの議論がなされてきた。日本企業の事業評価指標を歴史的に見ても、それは企業が置かれる外部環境の影響を受けて大きく変遷してきたといえる。

(1) 売上高（業界シェア）

日本企業における事業評価指標の推移を概観すると、高度成長期においては絶対金額としての売上を高めることが重要視された。企業利益はその源泉を辿っていけば、それは売上高だという基本的考えである。またこの時、業界におけるシェアの拡大も同時に注目された。これは需要が供給を上回っている状況では、他社に先駆けてどんどん製品を供給すれば、市場がそれを吸収し、業界でのシェア

図表2－6　事業評価指標のまとめ

	指　標	算　式	内　容	重要概念	難易度
絶対額	売上高	売上高	企業成長を支えるのは売上高の伸びであり、スケールメリットを重視する	規模	易
	営業利益	売上高－売上原価－販管費	企業の主たる営業活動の成果を示す利益概念を重視する	本業利益	易
	当期純利益	税引前当期純利益－税金費用	企業の一会計期間の最終利益を重視する	最終利益	易
	FCF	税引後営業CF－投資支出±運転資本増減	税引後の営業CFから投資支出を控除し、運転資本を加減して、営業活動から実質的に手許に残存するキャッシュの金額を重視する	キャッシュ	中
	EVA	NOPAT－資本コスト ＊NOPAT：税引後営業利益	事業活動によって生み出された税引後営業利益から、資本コストを控除し、経済的付加価値の増減を重視する	付加価値	難
利益率	営業利益率	営業利益÷売上高	売上高に対する営業利益の比率により、収益性を重視する	本業利益率	易
投資効率	ROE	当期純利益÷株主資本	株主からの調達資金をどの程度有効に活用して当期純利益を稼得したかという運用効率を重視する	運用効率	中
	ROA	当期純利益÷総資産	総資産をどの程度有効に活用して当期純利益を稼得したかという投資効率を重視する	投資効率	中

が高まる。業界のリーディングカンパニーとなれば、ブランドが高まり、さらに売上高が拡大する。そうすれば販売政策やコスト削減など、さまざまな局面でスケールメリットが得られると考えたのである。

今になっても企業の中期経営計画で、かなり高めの（時には実現困難な）売上高目標を掲げる会社をよく見かける。しかしこの指標は、その売上高を達成するためにどれだけの犠牲（費用）を要したかという視点を欠いており、需要が供給を上回る高度経済成長下でしか合理性を持たないものであった。

(2) 売上高利益率（ROS＝Rate of Return on Sales）

次に重視されたのが営業利益率、経常利益率、当期純利益率といった売上高に対する利益率である。売上高の絶対額に注目することをやめて、その売上を得るためにどれだけの売上原価、販売費及び一般管理費、さらには金融費用（資金調達コスト）がかかっているのか、その結果として残存した営業利益、経常利益、当期純利益の効率を重視する。

利益率概念を重視するようになったのは、事業の規模ではなく、ビジネスモデルやコスト構造を検証し、事業の利益率を評価するためであった。いかに売上が高くても、コスト意識に乏しく、最終利益を残すことができない会社には配当も期待できない。売上高利益率を重視する流れは経済成長に陰りが見え、従前のように高い売上伸長が望めないという経済環境が背景にあった。

ただしこれは、その利益を獲得するためにどれだけの資本を使用したかという投資効率の視点を欠いている。利益率の追求は、企業に資金が潤沢にある場合にはよいが、企業の投資資金に限りがある場合、投資対効果の高い事業を選別できないという弱点がある。企業の資金調達に制約が出始めると、売上高に対する効率ではなく、投資に対する効率が重視されるようになる。

図表2－7　総資産利益率
（ROA＝ Rate of Return on Assets）

$$\text{ROA}=\frac{\text{当期純利益}}{\text{総資産}}$$

$$=\frac{\text{当期純利益}}{\text{売上高}}\times\frac{\text{売上高}}{\text{総資産}}$$

売上高利益率

売上高から総費用を差し引いてどれくらい有効に最終利益を稼得しているかの指標

総資産回転率

総資産をどれほど有効に活用して売上を獲得しているかの指標
高いほどよい

(3)　**総資産利益率(ROA＝Rate of Return on Assets)**

日本企業の場合、高度成長期のようにメインバンクからの間接金融が中心の時代には、資金調達に窮することはなかった。官僚組織が主要産業の許認可を握っており、供給能力が需要を上回らぬよう統制していたからである。しかし直接金融の拡大によって、企業が株式市場から資金調達を行うようになると、次は投資効率を重視する指標が主流となる。

例えば、同じ1億円の利益を計上するにしても、それが10億円の投資によって得られた利益であるか、100億円の投資によって得られた利益であるかは、投資効率にして10倍の開きがある。この投資効率を判断するには、売上高に対する比率よりも、投資金額に対する最終利益の比率が重要だということになる。これは資金の出し手たる投資家の視点に立てば当然の発想であり、こうして注目を集めたのが、総資産利益率（ROA）である。

総資産利益率（ROA）は、当期純利益を総資産で除して算定されるが、**図表２－７**に示すように、その数式を展開すれば、「売上高利益率」に「総資産回転率」を乗じたものとなる。これは、従前の売上高利益率（ROS）に新しく総資産活用の効率性を加えた指標である。売上高に対する利益率の向上に加え、より少ない資産で多くの売上高を獲得する能力が求められるようになった。

(4) 株主資本利益率（ROE＝Rate of Return on Equity）

１９８０年代以降、特にアメリカでは企業経営において会社の所有者たる株主の発言力が高まっていく。「物言う株主」の台頭である。

総資産利益率（ROA）は総資産に対する投資効率を評価するものであったが、企業に出資する株主の立場からすると、彼らが出資するのは企業の総資産のうち、株主資本の部分だけである。それならば、総資産ではなく、株主が拠出した株主資本がどのくらい有効に運用されているかを評価しようとしたのが、株主資本利益率（ROE）である。

株主資本利益率（ROE）は当期純利益を株主資本で除して求められるが、その数式を展開すると、売上高利益率に総資産回転率を乗じるところまでは、総資産利益率（ROA）と同様である。異なるのは、そこに「財務レバレッジ」（＝総資産÷株主資本）という要素が加わる点にある。

図表２－８　株主資本利益率（ROE＝Rate of Return on Equity）

$$\text{ROE} = \frac{\text{当期純利益}}{\text{株主資本}}$$

$$= \frac{\text{当期純利益}}{\text{売上高}} \times \frac{\text{売上高}}{\text{総資産}} \times \frac{\text{総資産}}{\text{株主資本}}$$

売上高利益率

売上高から総費用を差し引いてどれくらい有効に最終利益を稼得しているかの指標

総資産回転率

総資産をどれほど有効に活用して売上を獲得しているかの指標
高いほどよい

財務レバレッジ

株主から調達した資本を元手にどれだけ銀行などから資金調達したか

企業の資金調達において、株主から資本金として資金調達を行えば、自己資本比率が良化するため、通常は金融機関からの与信枠は拡大する。それを「てこ」に新しく金融機関から借り入れたり、社債を発行するなどして、さらに資金調達額を積み増すことができる。これを企業金融では、「財務レバレッジ」とか「レバレッジを効かす」という。

株主は自分たちが出資した資金を元手に経営者が「財務レバレッジ」を効かせ、さらに大きな資金を調達することを期待している。これは会社が金融機関から調達し、膨れ上がった資金を投資すればより大きなリターンを得ることができ、それによって得られた利益は、会社の所有者である株主に帰属するためである。

そういう意味では、ＲＯＥは単に投資効率ではなく、経営者が「財務レバレッジ」を活用して資金調達を行う能力まで評価対象としており、株主資本の総合的な運用効率を評価する指標といえる。

◆ROAとROEの弱点

ROAやROEは、資金提供者の視点に立っていたため、広く事業評価に活用された。しかし一方で、事業評価指標としていくつかの弱点を抱えてもいた。それは、事業責任者が投資機会を見つけて投資を実行すると、固定資産が増加して総資産が膨らむ結果、投資効率を示すROAは短期的に悪化する。この短期的な投資効率の悪化を株主やコーポレート（本社機能）が嫌う場合、事業責任者が長期的視点に立った投資に消極的となり、企業の競争力が損なわれてしまうのである。それどころか、しばらく投資を行わなければ、減価償却によって固定資産は徐々に減少するから、相対的にROAは高まっていく。このため過度にROAを重視して事業を評価すると、新規投資だけでなく、通常の更新投資まで滞り、急速に設備が陳腐化するのである。

加えて、ROAを用いて将来の事業目標とする場合、将来の総資産を見積もる必要があるが、総資産はさまざまな要因で増加減少するため、それを計画段階で正確に見積もることが難しい。その結果、事前の目標と事後の検証、両方が求められる事業評価指標としては、次第にその利用度が下がっていった。

またROEにおいては、経営者が「財務レバレッジ」を効かせすぎると、企業の有利子負債が急増し、過小資本に陥るというリスクをはらんでいる。財務レバレッジを効かして、多額の資金調達を行えば、資金が余ってくるから、早急に投資対象を探さねばならない。今度はROAの投資抑制の弊害とは逆に、投資の成果を急ぐあまり、投資判断が甘くなり、バブル経済期に見られたような安直な投資行動を誘発しやすい。

図表２－９　事業評価指標の変遷

売上高

企業利益の源泉を遡っていくと、その始まりは売上高であり、需要が供給を上回っている状況では売上高を拡大し、シュアを獲得することで、スケールメリットが得られると考える

その売上高を達成するためにどれだけの費用が必要であったかという視点が欠如

↓

売上高利益率（ROS）

売上高のみに注目することをやめて、その売上を上げるためにどれだけの売上原価・販売費及び一般管理費などがかかったのか、その差額としてどれだけ営業利益、当期純利益が残存したのかという利益率を重視する。投資資金が豊富にある時には有効な考え方

その利益を獲得するためにどれだけの資本を使用したかという視点が欠如

↓

総資本利益率（ROA）・株主資本利益率（ROE）

利益の絶対額だけに注目するのではなく、その利益を獲得するためにどれだけの資本を必要としたかについても考慮し、「投資効率」や「運用効率」を追求するという考え方

ROAは短期的な投資の抑制にふれやすく、ROEはレバレッジの効かせ具合が難しい。これらはキャッシュの概念や投下資本の調達コスト（資本コスト）の視点が欠如している

↓

◆キャッシュフロー重視　⇨　FCF（フリーキャッシュフロー）

◆企業の資本コスト重視　⇨　EVA（経済的付加価値）

さらに、日本企業の場合、よほど巨大な企業グループでない限り、事業責任者に資金調達までの権限を与えることは稀である。社内資本金制度や社内借入金などの手法によって、事業責任者に使用資本や調達コストの意識を持たせることはあるが、基本的に事業責任者が独自に金融機関から資金調達する裁量を与えられていない。それはコーポレートや持株会社の役割である。よって、ＲＯＥは株主が企業グループ全体の経営能力を評価する際の指標としては有用であるが、事業評価指標としては使い勝手が悪かった。

ＦＣＦへの回帰

１９９０年代前後から、事業評価指標は、キャッシュフローを重視したＦＣＦ（フリーキャッシュフロー）、そして資本コストを考慮し、経済的付加価値という概念を重視するＥＶＡの２つの指標が注目されていく。

ＦＣＦ（フリーキャッシュフロー）は次の式で求められる。

ＦＣＦ＝税引後営業利益＋減価償却費－投資支出±運転資本の増減

ＦＣＦとは、税引後の営業利益に減価償却費を加え、投資支出を控除し、運転資金の増減を加減し

て求められる。1990年代に入りFCFが重視され始めたのは，その頃，各国の採用する会計基準が統一されていなかったことが背景にある。当時，米国は独自の財務報告基準を整備・運用し，世界一透明度の高いディスクロージャー制度だと自負していたし（その後サブプライム問題でその威信は失墜するのだが），ヨーロッパでは現在の国際財務報告基準（IFRS）の前身である国際会計基準（IAS）の導入が検討されていた。

日本の会計基準は国際的なディスクロージャー制度と比べて，その整備の遅れが問題視され，外国人投資家が日本企業に投資する場合，これに起因する追加コストを「ジャパンプレミアム」として要求するとまでいわれた。

この時期，企業の活動や資金調達がグローバル化する一方で，グローバルに統一された会計基準の整備・運用が実現しておらず，各国独自の会計基準で算定された利益概念ではグローバルな企業間・事業間の業績比較ができなかった。このためFCFのように，「一会計期間に獲得したキャッシュ」という客観的事実を事業評価指標とすることで，グローバルな事業間比較が可能となった。

もともと企業価値とは，経済学や財務管理理論の分野では，企業が生涯に生み出すキャッシュフローの総額と考えられたため，キャッシュに着目した評価は理論的とも考えられた。この頃，ワールドコムやエンロンのような会計不正による大型倒産が頻発すると，キャッシュは利益の品質（どの程度のキャッシュを伴っているか）を計る指標としても注目されるようになる。

また，FCFは営業キャッシュフローから投資による支出を差し引いて算定されるため，ROA偏重で犯した投資の抑制という難点を克服したものとして受け入れられた。

しかし、ＦＣＦの投資支出の考え方では、投資を行った会計期間に全額が支出とされるため、その翌期以降の投資効果を反映できない。つまり、単年度のＦＣＦは、翌期以降のＦＣＦがいつ、どれだけの投資の成果として生み出されたのか、という投資とリターンの関連性を十分に評価しえなかった。

ＥＶＡの登場

ＥＶＡとは経済的付加価値（Economic Value Added）を指し、ニューヨークに本社を置く財務コンサルティング会社スターン・スチュワート社が開発した事業評価指標である。

従来の事業評価指標は、投下した資金に対する投資効率を評価することはできたが、本来、資本の出し手からどれだけのリターンを期待されているかという資本コストを考慮することはなかった。ＥＶＡは投資成果（ＮＯＰＡＴ）が資本の出し手に対して支払う資本コストを上回るならば、事業が経済的付加価値を創出したことを意味し、下回るならば、経済的付加価値を破壊したと考える。ＥＶＡは次の計算式で求められる。

ＥＶＡ＝ＮＯＰＡＴ－資本コスト（投下資本×資本コスト率）

ＮＯＰＡＴとは、税引後事業利益（Net Operating Profit After Tax）であり、売上高から事業活動に伴う費用と税金費用を差し引いたものである。いま細かい調整を度外視すれば、ＮＯＰＡＴは日

図表２－10　EVAの事例

細　目	A　既存事業	B　新規の買収案件	A＋B 買収実行後
売上高	1,200	800	2,000
営業利益	240	120	360
税金費用	100	40	140
投下資本	1,500	1,500	3,000
売上高営業利益率	20%	15%	18% ↓
投下資本営業利益率	16%	8%	12% ↓
資本コスト率	5%	2%	3.5%
資本コスト	75	30	105
EVA	65	50	115 ↑

注）EVA＝NOPAT－投下資本×資本コスト率である。
　　また、ここではNOPAT＝営業利益－税金費用と簡便化する。
出所：スターン スチュアート『EVAによる価値創造経営』、ダイヤモンド社、2001年、82頁を参考に筆者作成

本の会計基準における税引後営業利益に近似したものといえる。また、資本コストとは企業が資金調達するにあたり、資金の出し手に支払うコストのことをいう。具体的には銀行に対する支払利息や株主に対する配当金などである。

ROAや売上高営業利益率とEVAのアプローチの相違は、会計数値を実際に当てはめてみると理解がしやすい。

ある会社が既存事業Aに加えて、新規の買収案件Bへの投資判断を行っている。**図表２-10**のような条件であったとすると、既存事業Aだけを営んでいる場合の売上高営業利益率は20%、投下資本営業利益率は16%である。いまここで、新規の買収案件Bの投資を実行すれば、B単独の売上高営業利益率は15%、投下資本営業利益率は8%であるから、新規の買収Bに投資することで、全体の売上高営業利益率は20%から18%へ、投下資本営業利益率は16%から12%へ

それぞれ悪化する。

しかし、これをＥＶＡで見ると、その経済的付加価値の総額は投資前の65から投資後１１５へ増加しており、投資を実行すべきという判断になる。これは、新規買収案件Ｂに投下する資本１５００の調達にかかる資本コスト率が２％と低く、資本コストは30であるところ、新規投資Ｂの結果、得られるＮＯＰＡＴが80（営業利益１２０－税金費用40）なので、資本の出し手に30を支払っても、50の経済的付加価値が企業内に残存するためである。

ＥＶＡは、投資成果（ＮＯＰＡＴ）が資本の出し手が求める資本コストを上回っているのならば、たとえ売上高営業利益率やＲＯＡが悪化していても、経済的付加価値のプラスを重視して投資すべきと考えるのである。

仮にある企業グループが中期経営計画で、ＲＯＡや売上高営業利益率の向上を到達目標としていた場合、新規の買収案件Ｂに投資するであろうか？

おそらく買収案件Ｂに対する投資判断はネガティブなものとなって、実行されない可能性が高い。なぜなら投資を実行することで、中期経営計画の数値目標と逆の方向に進むことになるからである。しかし、全社的な利益率や投資効率が低下したということは必ずしも、企業価値を毀損していることを意味しない。

資金の出し手にしてみれば、企業の状況や投資対象によって求めるリターンは異なる。ＥＶＡはそれを個別に考慮して、事業評価に活かすことを重視している。設例のように、仮にＲＯＡや売上高利益率が悪化しても、資本コストが安ければ経済的付加価値を生んでいるケースもありうるし、逆にＲＯＡや売上高利益率が良化しているにもかかわらず、資本コストが高ければ経済的付加価値を生まず、企業価値を毀損しているケースも起こりうる。これはなかなか恐ろしいことである。企業グループ全体の売上高利益率や投資効率を高めるからと、何の疑問も抱かず実行した投資が、実は企業のキャッシュを減らしているのである。ＥＶＡによれば、そのような意思決定の誤りを起こすことはない。

ＥＶＡは、異なる事業リスクを持つ事業を数多く抱え、その統一的な事業評価に悩んでいた日本企業に、従来にはない理論的な判断根拠を提供した。日本企業の中でも多くの地域で、多角的に事業展開していた花王、三菱商事、ソニーといった企業に事業評価指標として採用された実績がある。

一方で、ＥＶＡの弱点は、その理論の難解さであった。ＥＶＡはいわば、アメリカから直輸入された事業評価指標である。ところが日本企業は、社員の会計的リテラシー（読み書き能力）が総じて低い。会計の基本的知識を持たない事業責任者には、ＮＯＰＡＴや資本コストなどの基本概念の理解が難しく、導入に至るまでは相当な社内教育を必要とした。ＥＶＡは理論的には優れているが、貸借対照表、損益計算書、キャッシュフロー、資金調達コストなど、さまざまな会計的思考を理解しなければ使いこなすことができないという、導入段階の難しさが最大のデメリットである。

このように事業評価指標の流れを辿ると、どの事業評価指標にも長所と短所があり、評価の切り口が異なっている。売上高の伸長を目指すべき時、コスト削減を徹底すべき時、投資家への説明責任を重視すべき時など、会計参謀（ＣＦＯ）は企業グループの現状をよく見て、中長期的な視点から「いのである。

ま」必要とされる事業評価の指標を選択し、事業ポートフォリオを最適化していくことが求められる

本章のまとめ

企業が単一の事業で利益を計上し続けるのが難しい時代であり、それは多くの企業の業績が示している。

企業経営を漁船の操業に例えるならば、事業ポートフォリオの決定は、どの海域で網を降ろすかということであり、事業評価指標とは、どのような判断基準で操業する海域を選択するか、ということになる。

そして経営環境の変化が著しいということは、魚の群れが小規模で、かつ、すぐ別の海に回遊してしまうということを意味している。企業が事業ポートフォリオの最適化を図ったり、売上高や利益率、投資効率など事業評価指標の選択に腐心するのは、この魚の群れを的確に追跡するためである。

魚のいない海では、網を降ろすことがないように。ましてや魚のいない海域で、大規模な漁港などを造ることがないように。

実務ノート 2

組織 VS 個人の論理

その時、売上500億円の事業売却が大詰めを迎えていた。私は売却側の人間としてその案件に関わり、約6カ月の交渉の末、もう少しで基本合意に手が届くところにいた。ところがディールは、最後の山場を迎えて双方譲らず、交渉がまったく進展しない、「デッドロック」の状態が長期化し、時間切れが目前に迫っていた。

午前10時から取締役会が両社で開催され、基本合意を承認、その後プレス発表する予定であるにもかかわらず、午前3時の時点で一つだけ、未だに合意できていない条文があった。その条文とは、売り手側が事業売却後に負う「競業避止義務」である。事業の買い手にしてみれば、事業譲渡を受けたにもかかわらず、売り手が継続して同事業を営むことは認められない。それを封じるために売り手の事業領域を制約する条文である。しかしこの時、買い手が要求する競業避止の範囲は、譲渡対象事業よりもやや広く、軽々にこれを飲むと、売却事業以外に制約が及び、他の事業部門で計画している新規事業の芽を摘むおそれがあった。我々はそれを恐れて、条文の一言一句に敏感にならざるをえなかったのである。

電話会議システムが備えられた本社会議室の一室で、1時間に1度、定時に交渉を重ねるが、先方もなかなか折れず、逆に、当方が向こうの言い分を丸飲みすることは、それは長期的な全社利益のマイナスとなるため、ディールチームがしてはいけない判断だった。約束としていた1時間ごとの定時交渉にも先方が応じなくなると、いよいよ時間は迫り、選択肢は限られ、我々は追い込まれた。

「ここまで来て、ブレイク（決裂）するのか…。はじめから他事業の成長を阻むことが狙いか…」など、いろいろなことが頭を巡り、ブレイク後の役員や事業部への失敗報告のことを考えると、重圧から吐き気をもよおすほどであった。

それにしても…、その時交渉の現場にいたのは、私を含めてたった3人である。私と競業避止に詳しい知的財産部の部長、条文取りまとめ役の法務部の課長。ファイナンシャルアドバイザーや弁護士事務所も、傍から難局を見て取ったのか、数日前から交渉に参加してこなかった。いくら午前3時とはいえ、売上500億円を超える赤字部門の売却にもかかわらず、この重大局面で、最後まで交渉の現場にいるのが3人きりとは。

当時、戦略部には数十人は在籍していたが、プロジェクトの雲行きが怪しくなると、あっという間に人が寄り付かなくなった。日頃は飲みに行くと、「何かあったら手伝うよ」とか、「一緒に頑張ろう」と言ってくれる管理職が、酔いがさめるとスーッと危うきに近寄らない、責任回避行動をとるのである。その頃私は30代前半で、ふた回り以上も目上の執行役員や部長といった「よい大人」の無責任な行動にあきれていた。「だから会社がおかしくなるのだ」と。

しかし、このような不採算会社のミドルが見せる「危うきに近寄らず」的な行動は、その後のコンサルタントの経験でも度々遭遇し、むしろ多数派の行動パターンだと今では思っている。

見方によれば、それは彼ら個人としては理に適った行動である。いくら不採算事業を売却しなければ会社全体が危ういと言われても、終身雇用・年功序列の下、これまで一社でしか働いたことのない彼らは、そこまでの異常事態を自らのこととして、リアルにイメージできない。ところが、明日ブレイクするかもしれない重要案件にのこと入って行って、下手に黒星をつければ、社内評価が下がることはよくわかる。そうなれば、近々と噂されるリストラの対象として名簿に名前が載るかもしれない。家族の生活を守るためにも、そのようなリスクは負えないのである。すなわち、組織には無責任と見られる行動が、彼ら個人レベルの「家族の生活を守る」という観点からは、それなりに責任ある行動となる。

そういう理屈では、私が当時、プロジェクトから逃げず、積極的に関わっていったことも合理的な理由がある。私はその不採算事業の売却をやり遂げないと、企業全体の継続が困難なことをさまざまな角度の情報から確信していたし、会社が潰れるということも、それまでの会計士の職務経験からどういうことか知っていた。私個人のモチベーションとしても、外部専門家として会社に雇われ、M&Aで成果を出すことが評価につながる短期契約である。何もしないで無得点に終われば、どっちにしたって契約の継続は危うい。それならばと、火中の栗を拾いきり、高得点を狙うだけのモチベーションがあったと思う。彼らにしてみれば、我々はエトランゼ、外人部隊である。リスクの高い仕事を引き受けてしかるべき、と思っていたのかもしれない。

私はここで働かないミドルを仕方がない、といいたいのではない。会社組織とは突き詰めれば、

「よい大人」の集まりである。M&Aや構造改革の局面において、ほとんどの社員が動かない（動けない）理由を正確に理解しなければ、彼らをうまく動機付けすることはできないといいたいのである。彼らは善悪でいえば、むしろ日常は圧倒的に善人である。それが有事の際になると、彼ら個人の生活を守るという免罪符を首から下げ、日がな一日、社内のデスクで時間を潰すようになる。企業経営の観点からは、そんな彼らは看過できない存在である。

本当に運よく、というか、土壇場の午前6時に鶴の一声で最後の一条が合意に至り、私が取締役会を乗り切って、基本合意書を締結した時、彼らは心底から喜んでくれた。

私はその時、人というものを正しく理解しないと、組織の改革などできないということを知った。

3

M&A戦略と企業価値評価

事業ポートフォリオの最適化を図る上で、事業の選択と集中は迅速に行わねばならない。その意味でM&Aは、「時間を買う」ための重要な戦略であるが、そのプロセスは相手方とディールの合意に向けて、一つずつ課題を解決する道のりである。そしてM&Aにおけるハイライトは買収価格の決定である。買収価格は、企業価値評価に基づいて算定され、純資産やキャッシュフロー、EBITDAといった会計的エッセンスが数多く詰め込まれている。これを体系的に整理し、様々な角度から企業価値を語れるようになれば、相手方との交渉を優位に進めることができる。

会計的思考とM&A

前章で事業ポートフォリオを最適化する重要性を述べたが、全社戦略で事業の「選択と集中」の方向性が決まれば、それを達成する手段としてM&Aを活用するメリットは大きい。

M&A業務というのは、売り手であっても買い手であっても、デューデリジェンス（買収監査）から企業価値の算定まで、会計的知識を最大限に活用しなければ満足いく成果は得られない。より正確にいえば、会計だけでなく、民法、会社法、金融商品取引法といった法律知識、特許権や実用新案権などの知的財産権、ディールチームのマネジメントに相手方との交渉など、専門的能力と実務経験を駆使した総力戦である。

M&Aはそもそも新しい事業の芽を育てたいとか、不採算部門からの出血をいち早く止めたいという全社戦略のもと企画されるが、その判断の背景には、M&A実施後の企業グループの理想像がある。例えば、M&Aを実行することで、売上高や利益を10%増やしたいとか、有利子負債を100億円削減するというディール（案件）の到達目標である。その到達目標は通常、会計数値で設定され、M&A実施後は当初目標が達成できたか否かを判定する。

またM&A実務に入っていくと、さまざまな角度から買収対象の事業を調査するデューデリジェンス（買収監査）と呼ばれる手続きを経る。このうち財務デューデリジェンスは、買収対象事業の決算書を読みこなし、将来の収益計画を精査して、適正な買収価格を算定する基礎となる。

買収価格につながる企業価値の算定では、フリーキャッシュフロー法（ディスカウントトキャッシュフロー法ともいう）、類似業種比準方式、時価純資産法といった複数ある企業価値評価の手法から自社にとって有利・不利な算定法を事前に踏まえ、相手方との価格交渉を優位に進めなくてはならない。これには高度な会計的専門性が求められる。

Ｍ＆Ａは通常、コーポレートの戦略部やプロジェクトチームで担われることが多いが、会計参謀（ＣＦＯ）はＭ＆Ａ案件のプロジェクトリーダーとして、ＣＥＯと情報共有を密にし、Ｍ＆Ａの目標設定、プロセス管理、デューデリジェンス、企業価値評価、契約交渉といった実務に主体的に関与し、ディールを推進していく立場にある。

Ｍ＆Ａ戦略の使い方

近年、経営者が企業の成長戦略を実現したり、不採算事業への対処に許容される時間軸は一層、短期化している。そのような経営環境下で、Ｍ＆Ａ戦略を活用する最大のメリットは、「時間を買う」という点にある。

Ｍ＆Ａを活用して他の会社を買収すれば、買収対象事業の売上規模、製造技術、販売網、知的財産権など、事業に関連する経営資源をひとまとめに手に入れることができる。自前で一から事業を作り上げるよりも、すでに事業を営んでいる事業体を買収するほうが、時間を大幅に節約できることは間違いない。

また逆に、企業の資金調達に限りがある場合、新たな事業に投資しようとすれば、現有事業を手放して、キャッシュに換金することも一つの手段である。特定事業から撤退する場合、当該事業が赤字に転落する前であれば、その事業を売却することで譲渡益を得ることができる。

これが明らかに不採算事業となってからでは、有償で売却することはなかなか難しい。そうなると、キャッシュアウトを止めるには事業を清算するしか方法がなく、これは事業売却に比べて、通常、多くのキャッシュと時間を必要とする。M&Aによって、ノンコア事業を早期に売却することができれば、売却によって得られたキャッシュで新たな事業分野に投資をつなぐことができる。

顧客が人と違うものを求め、テクノロジーがそのニーズに応え始めると、一つの製品が市場で通用する期間は長くはない。新しいニーズが次々と製品化される一方で、既存製品が陳腐化するスピードは一層早まる。特に移り気な消費者相手のBtoC事業は、顧客嗜好の多様化が売上や利益の変動幅(ボラティリティ)の拡大に直結する。このため常に新たな事業分野を開拓し、主力製品が飽きられる前に、次の事業の芽を探さなければならない。

そういう意味で、M&A戦略を有効に使いこなすことは、企業が「事業の選択」と集中を行うにあたって、理想の事業ポートフォリオを短期間で構築することを可能にし、結果的に企業のとりうる戦略のオプションを増やすことにつながる。

またM&A戦略の第二の利点は、既存事業とのシナジー効果を描きやすいことである。事業ポートフォリオを管理する目的としても述べたが、シナジー効果は買収対象事業を現有事業と合わせて経営することで、別々で経営するよりも、お互いの事業効率を向上させることをいう。既存事業の弱みを補完する目的であっても、新規事業に進出する場合であっても、現有事業とのシナジー効果により、

1＋1を3にするような効果である。

M＆Aではデューデリジェンスにおいて、買収対象企業の経営資源を実際に目で見て、評価することができる。この「何に対して対価を支払うか」を考えるプロセスは、現有事業との相性を確認する機会でもあるから、シナジー効果の検討にも有益な情報源である。これが新規事業へゼロから投資する場合だと、投資段階では何もないから、漠然としていて、現有事業とのシナジー効果を明確にイメージできないことが多い。

逆にM＆Aにもデメリットはある。それは第一に、企業文化・組織風土の違いから経営の融和が進まず、当初予定したような効果を達成できないリスクである。ある会社が、他の会社を買収する場合、買収された会社に新たな忠誠心が芽生えるには、適切なマネジメントと一定の時間が必要である。

上級役員だけが親会社から降りてきて、買収者として無茶な人事や高圧的な発言を繰り返せば、買収されたプロパー社員の士気は上がらず、シナジー効果など望むべくもない。また、業界の大手同士が合従連衡する場合も、主導権を巡った張り合いで組織・人事が喧々諤々、決まらないことが多い。古巣の勢力分布が頭から離れず、これも企業内政治がはびこる温床となる。

M＆A前後のマネジメントを誤れば、M＆Aを実行することで、企業内に対立する企業風土、価値観をつくることになり、それがことあるごとに反目し合えば、派閥が形成され、企業経営が一枚岩ではなくなる。これはマイナスのシナジーともいうべきもので、1＋1＝0になるようなリスクである。実際にこのPMI（Post Merger Integration）を甘く見て、M＆Aに失敗している会社は数多い。

M&Aのデメリットの二つ目は、いわば、「非発見のリスク」である。これは買収対象事業を評価し、買収価格を算定する過程で発見されなかった「負の遺産」がディールの契約締結後に顕在化するリスクである。企業買収にあたっては、買収後のリスクを低減するために公認会計士や弁護士を使って、可能な限りデューデリジェンス（買収監査）を実施する。デューデリジェンスは、買収対象企業をビジネス面、ファイナンシャル面、リーガル面、ヒューマンリソース面などから、多面的に調査し、買収対象の事業に想定外のリスクが潜んでいないかを検証する。それでも、限られた時間の中で、すべてのリスクを洗い出すことは実務的に相当難しい。デューデリジェンスで十分にリスクヘッジできなかった争点は、最終契約書の中でリスクを売り手に負わせる（売り手の表明保証条項）などの対処法はとりえるが、結局は長年、他人が経営していた事業であるから、後に何が出てくるかわからない怖さはある。

例えば、買収した工場の廃液が地盤に染み出ており、後に地盤改良に多額の費用が必要となったり、買収前に解雇した従業員に残業代未払いで労働関連訴訟を提起されたり、買収前に売り上げた製品が買収後にリコールされたり…と。

M&Aとは、売り手が長年経営してきた事業の権利と義務を、買い手が丸ごと承継するものであるから、「非発見のリスク」を完全に払拭しきることは困難である。

図表３－１　M&Aの目的は多様である

全社戦略	➢事業ポートフォリオの全体像 ➢コア事業とノンコア事業の明確化 ➢経営数値の到達目標

M&Aは全社戦略を実現する手段として活用される

⇩

形　　態	主　目　的	優先的事項
買　い　手 （バイサイド）	①新規事業への進出	✓新ビジネスモデルの獲得 ✓シナジー効果の追求
	②現有事業の補完・水平展開	✓スケールメリットの追求 ✓シナジー効果の追求
売　り　手 （セルサイド）	③採算事業の売却	✓事業のキャッシュ化
	④不採算事業の縮小・撤退	✓速やかな赤字事業の切り出し

M&Aの目的を明確にする

M&Aに取り組む上で私が最も重要だと考えるのは、M&Aの目的を明確にすることである。M&Aといっても、自社が買い手の場合は、①新規事業進出のためのM&A、②現有事業の補完や拡大のためのM&A、売り手の場合は、③業績好調の事業を売却するM&A、④不採算事業の縮小・撤退のためのM&Aなど、全社戦略上、異なる目的のためにM&Aは活用される。ところが実際に現場に入ると、M&Aの戦略上の目的を詳細に議論しないで、なんとなくディール（案件）に取り組もうとする会社が多い。

これは一企業が頻繁にM&A案件を繰り返していることは稀であるから、単純にM&A業務に対する経験不足が主な原因といえる。初めてM&Aに取り組むような会社は、「ディールによって何を得るか」まで目的意識が及んでいないことが多く、とにかく

M&Aは案件を一つ成立させることが目的化している。しかし、M&Aというのは案件の性質によって、達成すべき目的が大きく異なる。

例えば、資金調達に限りがある場合は、買収金額（又は売却金額）が譲れない一線であろうし、同業他社を買収する場合は、買収後に現有事業とのスケールメリットを得ることがディールの目的である。また、不採算事業を早期に切り出したいなら、最終契約までの時間軸が優先事項であるというように案件ごとの到達目標は異なる。

M&A案件を開始すると、相手先との契約交渉はもちろん、企業価値算定やデューデリジェンスにあたって、現場でさまざまなことを判断することが求められる。その際に、本案件を進める目的が明確にされ、プロジェクトチームの中で共有されていないと、現場の価値判断がバラバラになって、細かな論点まで一本調子で詰め切ることができない。これを放置してしまうと、後々、当初目標から大きくかけ離れた契約内容で決着してしまう。

時には、相手先との交渉がハードで難航し、相手方から突き付けられた条件を飲めば、M&Aの当初目的を達成できないと考えられる局面もある。そのような時、M&A交渉を打ち切る最低条件を明確にするためにも、M&Aによって何を得るのか、企業内でしっかりと議論し、チーム内で共有することが大切である。これがないと、チームはM&A案件による目的達成よりも、いつしか案件自体を安全に終わらせることを目指して動くようになる。というのは、M&Aのチームメンバーは、案件によっては1年を超えて取り組んでいるから、案件の終盤に入ると、交渉の決裂だけは避けたいという個人的な思いが強く働く。交渉が決裂すると，1年間に及ぶハードワークが文字通り水泡に帰すからである。

しかし，「そもそもこのディールは何を目指していたのか？」

この「会社としての到達目標」に目を伏せると，後々，取り返しがつかない損失を招く。最も安易で多いのは，漠然とM＆Aによって「売上が一気に増加する」という考え方である。たしかに買収対象企業の支配権を獲得して子会社化すれば，その貸借対照表や損益計算書が連結対象になるため，連結上の売上高は増加する。しかし同時に，貸借対照表の有利子負債や純資産（債務超過など）も連結されるため，子会社化による売上増加だけを評価するのは適切ではない。

経営者にしても，決算発表を前に何かしら成果を示すためにM＆Aを使いたがる人もいる。そうなると，最初からM＆Aの目的が長期的な企業価値向上ではなく，案件成立の公表になってしまい，細部の作り込みがおろそかになる。利害関係者にアピールするための「花火型M＆A」である。これではM＆Aによる成果など望むべくもない。そもそも機関投資家もさる者で，弱小連合の合併など株価の下落や与信の低下を招くだけである。

M＆Aをうまく活用する要諦の第一は，企業が「M＆Aによって何を獲得するのか」という到達目標を明確に定め，その基本方針に従って，企画段階から最終契約まで一気に走りきることである。

M&Aプロセス

M&Aのプロセスは、双方の打診から最終契約に至るまで、いくつかの段階を経て成立する。通常、短くても3カ月から、大規模な案件では1年以上の交渉期間を経て、最終合意に至る。

以下は一般的なM&Aのプロセスであるが、あくまで一般例で、案件の進め方によっては、デューデリジェンスと基本合意の順序が前後したり、覚書の締結をスキップしたりと、案件の実状に合わせて柔軟に設計すべきものである。

(1) 打診・企画

M&Aの最初の情報は、大きく分けて二つの経路からもたらされる。

一つは、企業が事業活動を行う中で取引のある得意先、仕入先、あるいは同じ業界団体の親交を通じて、事業買収や事業譲渡の提案が経営者に持ち込まれるケースである。得意先が経営難に陥って、事業の面倒をみてほしいという場合は、川下に事業展開する多角化となるし、仕入先や取引業者の場合は川上に事業展開することになる。両者とも事業分野の垂直統合に向けた拡大となる。これに対して、同業他社の場合は、単独での事業継続が困難であるから、合併してコスト削減を図るというような案件が多く、事業を水平展開することになる。

また、もう一つは、メインバンクや投資銀行のアドバイザリー部門、M&Aの仲介会社が、案件の提案を企業に持ち込む場合である。メガバンクや有力地銀は多くの融資先の情報を有しており、その経営状態・財政状況を分析してＭ＆Ａの提案をしてくる。しかし、彼らの提案は融資先の回収が滞りそうなので、業界大手や同業他社に救済を求めるような案件がほとんどである。これに対して、外資系の投資銀行や国内の証券会社系は焦げ付きそうな融資先を抱えているわけではないから、相対的に提案の自由度や合理性は高い。会社の中期経営計画や将来の市場動向を分析した上で、新規事業の買収などを提案してくるケースが多い。

打診はコーポレート（本社機能）の戦略部門や経営企画部門に持ち込まれるから、それを全社戦略の方向性と照らし合わせて、その案件のメリット・デメリットを多角的に検討する。ここでさらなる検討の価値ありと判断されれば、関連するカンパニー（事業部）と必要な範囲内で情報共有して、案件を開始するか否かを判断することになる。

しかし実際のところ、持ち込まれる案件のほとんどは、資金繰りや後継者不足が原因で経営難に陥り、事業継続のために救済を求めている会社である。そのような会社は、売上が急速に減少し、設備は陳腐化して使い物にならず、多額の借入れを抱えて経営者や従業員もすっかり沈んでしまっている。冷静に予測すれば、一年以内に資金ショートを起こすような八方塞がりの会社が売り物として溢れている。安いという理由だけでそのような会社に安易に手を出してはいけない。不採算会社を買収する場合は、何が原因でその会社が赤字に陥っているかを解明し、自社がその問題を解決できるという仮説が成り立つ時である。

(2) 秘密保持契約の締結

打診の段階では売買の対象となる会社の名称などは明らかにされないことが多い。それを明らかにすると、買収対象企業が「売り」に出ていることが業界に知れ渡って、同社の企業価値を毀損するからである。M&Aを検討しているという情報が漏れると現業にさまざまな支障をきたす。上場企業であれば、その情報を受けて株価が上げ下げするから、インサイダー取引防止の観点からも、情報管理には細心の注意を払う。従業員や下請企業はこのような情報に敏感に反応して、さまざまな憶測が飛び交い、それが良い方向に働くことは、まずもってない。

さらに、案件の検討が進んでデューデリジェンスになれば、対象企業の研究開発、製造技術、労務管理など対象企業の競争力や収益構造の核心に触れる情報が買い手企業に提供される。

これらの情報が、M&Aの案件遂行以外には流用されないよう、初期段階で売り手と買い手が秘密保持契約（CA＝Confidential Agreement または、NDA＝Non-Disclosure Agreement）を締結するのである。

(3) 基本合意（覚書）の締結

次に基本合意の締結である。M&Aの当事者が本格的に案件の検討を開始する前に、お互いこれだけは合意しておきたいと考える、対象事業の範囲、基本的スキーム、買収価格の算定方法、従業員の処遇、ブランドの使用といった基本的事項について合意の書面を交わすことがある。

これは事業の売り手にしてみれば、買い手によるデューデリジェンスが行われると経営機密が部外者に知られることになる。また買い手にしても、デューデリジェンスとなれば、公認会計士や弁護士などの専門家に調査を依頼することになるから、それなりにコストと時間がかかる。お互いがリスクや費用を費やした後に、基本的枠組み・思惑の相違が明らかになれば双方にとって不幸である。これを未然に防ぐために、初期の段階でお互いがディールに求める条件や考え方のすり合わせを行うのである。

また覚書とは、基本合意よりもさらに簡易な書面で、双方がＭ＆Ａ案件の検討を開始する旨や、お互いが誠実にこれを検討する旨などを確認するものである。これは大概が、インサイダー取引規制への対処として行われることが多い。大型案件になると基本合意に至るまででも、多くの関係者に案件検討の事実が伝わってしまう。そこから関係者によるインサイダー取引を誘発するリスクをはらんでおり、悪くすれば案件自体が進められなくなる。それを防止するために、極めて初期の段階で、Ｍ＆Ａ検討を開始したことをプレスリリースして、インサイダー取引規制への対処を図るのである。

インサイダー取引規制とは、上場企業の関係者等が、同社の株価に影響を与える重要事実を知っている場合に、その公表前に同社の株券を売買することを規制するもので、金融商品取引法１６６条で禁止されている。したがって、上場企業の場合、基本合意にしても、覚書にしても締結の折にはプレスリリースを行い、証券取引所に対する適時開示が行われる。

この交渉段階における特有の争点として「独占交渉権」がある。独占交渉権とは売り手が買い手に対して、対象事業のＭ＆Ａ交渉につき、一定期間、特定の買い手とだけ独占して交渉する権利を与え

図表３－２　M&Aプロセスのイメージ【基本合意（覚書）なしのパターン】

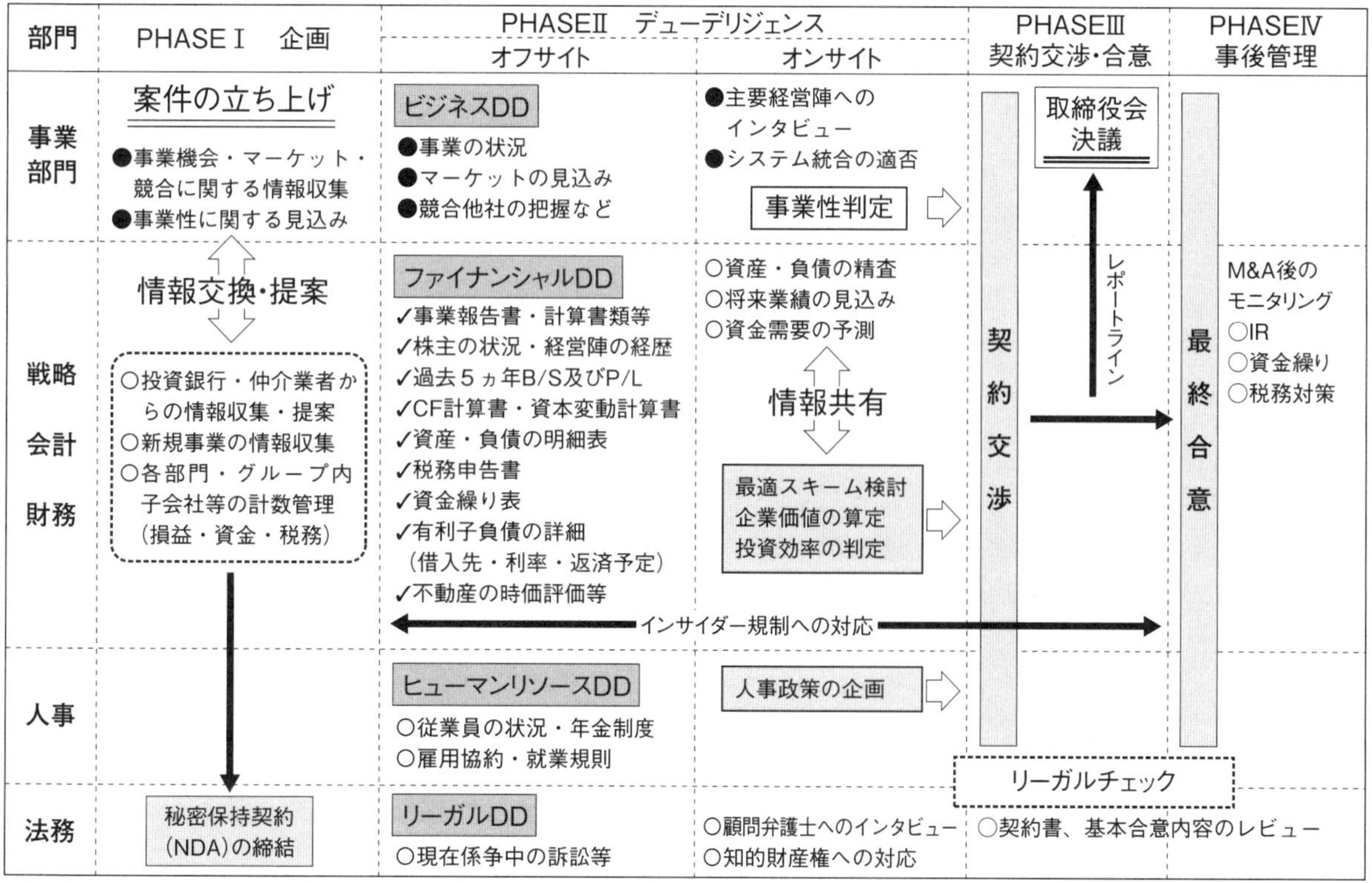

ることである。買い手にしてみれば、対象事業の買い手候補が競合すると、売り手に有利に交渉が進められてしまうし、案件が成立する可能性が低ければデューデリジェンスにかけた費用も無駄になる。これを避けるために買い手候補は通常、独占交渉権の付与を求めてくる。

逆に売り手にしてみれば、買い手候補をたくさん並べて、買収金額やその他の条件を競わせるほうが交渉を有利に進められるため、特定の一社に独占交渉権を与えたくはない。売り手には大変な作業量になるが、対象事業のデューデリジェンスや契約交渉を複数社同時に走らせることで買収価格を高め、かつディールのブレイクを防ぐことができる。

(4)　デューデリジェンス（買収監査）

これは買い手企業が、買収対象となる企業や事業に対して、ビジネス、ファイナンシャル、リーガル、ヒューマンリソースの観点から、調査を実施し、買収対象事業の経営実態を把握することである。この中で買い手の会社は、買収事業のリスクの洗い出し、現有事業とのシナジー効果の算定や企業価値評価に有用な情報を入手する。デューデリジェンスについては後述する。

(5)　最終契約に向けた条件交渉

デューデリジェンスが終了すると、いよいよ最終契約に向けた契約書条文の起草に入る。これは当該案件に関するお互いのすべての権利義務を書き記したもので、後に紛争の火種とならぬよう事実認識の共有や危険負担の条項が詳細に規定される。通常は弁護士やファイナンシャルアドバイザーを通じて激しく交渉がなされた末に、最終契約の中で一条一条合意に至り、案件によっては数百ページに及ぶ膨大な契約書となる。大抵の場合、この中で最も重要な争点は買収価格である。最初は大きな隔たりがあることも多いが、交渉を重ねる中で、企業価値評価の基本的考え方をベースに買収価格の合意に至る。

(6) クロージング・対価の授受

最終契約書が合意に至れば、あとはクロージングである。通常は最終契約日より後に、事業を譲渡する日を設定する。M&Aの形態が株券の譲渡による場合は、当該クロージングの日に株券と金銭を交換して案件は終了する。

私はかつて、約200億円の株券と金銭を交換する現場に立ち会ったことがある。

その時は事業の売り手である会社が約200億円の株券を買い手に引き渡し、買い手から200億円の金銭を受領するというものだった。とある信託銀行の地下室で、売り手が信託銀行に預けていた200億円の現物株券が積み上げられている。それをまず、売り手が間違いなく200億円分の株券が存在することを確認し、それが終わると、続いて買い手が同様に確認する。この時、売り手と買い手の企業(プリンシパル)のほかに双方の弁護士が帯同している。対象株券がすべて揃っていることを買い手が確認すると、買い手は本社へ売り手の指定口座に200億円を振り込むように指示を出す。金額が200億円にもなると、電信振込であっても振込指示から、振込先で着金が確認されるまで小一時間は要する。その間、売り手と買い手は一言も話すことなく、株券を前にして静かに対峙している。やがて、売り手の担当者に本社財務から連絡が入り、買い手から指定口座に２００億円が振り込まれたことが伝えられると、売り手は２００億円の株券をたしかに買い手に引き渡した旨の受領書を受け取り、ディールはクローズとなる。私は買い手が２００億円相当の株券をどうするのかと思っていたら、大きなジュラルミンケースを５つほど運び込み、その中に株券を詰め込んで、警備員とともに金融街に消えていった。

デューデリジェンスとは

M&Aの買収対象に対して、企業に内在するさまざまなリスク要因と機会をビジネス、ファイナンシャル、リーガル、ヒューマンリソースなどの観点から、網羅的にレビューする行為をいい、買収監査ともいわれる。

デューデリジェンスは、オフサイト調査（事前に提供された情報の調査）とオンサイト調査（実際に買収対象において実施される調査）に分かれる。買収が不確実な状態で、買収者がオンサイトで調査を行うと、被買収会社の従業員の不安を煽り、情報が拡散するリスクが高まる。従業員が労働組合などを使って、組織的に抵抗を始めたりすると、案件を進めることができなくなる。このため初期段階では、書面で提供された情報をオフサイトで検討することから始める。その結果、買収に積極的な

図表３－３　デューデリジェンスのまとめ

種　　類	内　　容	オフサイト	オンサイト
ビジネス	事業活動に関する調査	➢将来の事業計画書 ➢マーケットの見込み ➢競合他社の状況 ➢買い手とのシナジー効果	➢経営陣（キーパーソン）へのインタビュー ➢経営陣や従業員の能力査定 ➢得意先・仕入先との関係調査
ファイナンシャル	財務諸表調査や買収価格の決定	➢過年度の計算書類等・事業報告書 ➢資産及び負債の明細 ➢税務申告書等 ➢収益構造、資金繰り、損益分岐点等を分析	➢左記、情報の信頼性検証 ➢特に、資産の実在性、負債の網羅性検証
ヒューマンリソース	労務管理の調査	➢対象会社の従業員の状況、組織図 ➢就業規則、労働協約 ➢退職年金制度等の状況	➢左記、情報の信頼性検証 ➢必要に応じてキーパーソン（人事担当役員）へのインタビュー
リーガル	法務面でのリスクチェック	➢既締結の契約内容 ➢訴訟関係資料 ➢知的財産権等の状況 ➢保証債務の存在	➢左記、情報の信頼性、偶発債務の存在、訴訟リスクなど検証 ➢必要に応じてキーパーソン（顧問弁護士）へのインタビュー

感触が得られれば、次に買収対象会社からオンサイトで情報を入手するプロセスに進む。ただ、ここでも買収対象会社の経営者やキーパーソン、財務経理担当者などデューデリジェンスに必要な範囲で買収検討の事実が伝えられ、インタビューや追加の調査が実施される。

図表3－4　企業（プリンシパル）と社外専門家

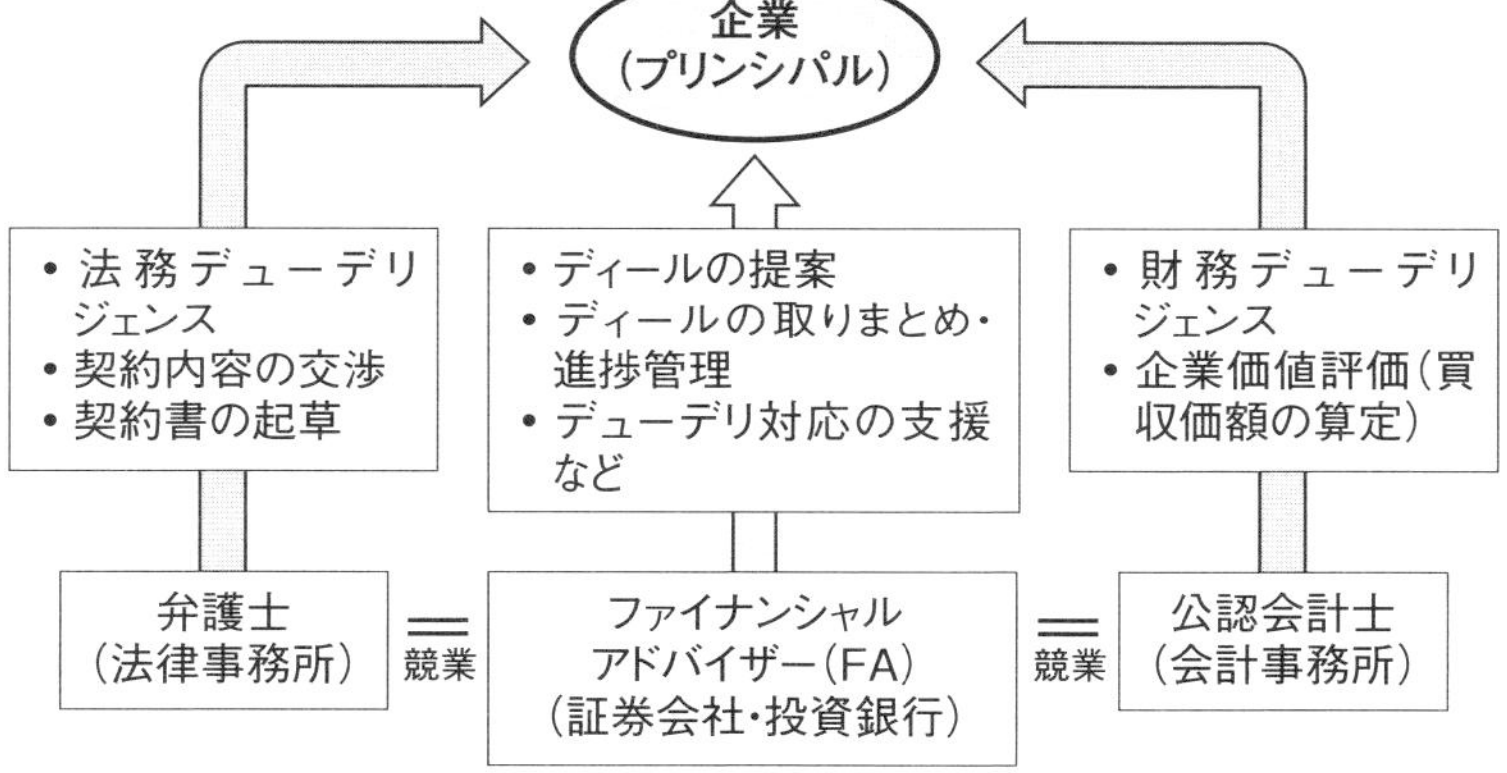

M&Aを推進する関係者たち

M&Aに取り組む場合、デューデリジェンスや契約交渉、買収価格の決定まで、数多くの段階を一つひとつ積み上げていかなければならない。よほどの規模の会社でない限り、M&Aを頻繁に繰り返しているわけではないので、その専門的なプロセスを社内人材だけで賄うことは難しい。M&Aは契約の交渉からクロージングに至るまで、高度な法的・会計的専門性が求められ、買収価格の決定においても、交渉を有利に進めるノウハウが要る。このため、一般的には社外専門家を活用することが多い。

M&Aを行う当事者企業は、プリンシパルと呼ばれる。この企業（プリンシパル）の傍にいて、M&Aを推進する外部専門家としてファイナンシャルアドバイザーの存在がある。彼らはM&A案件を企業に提案し、交渉の開始が決まると、次はファイナンシャルアドバイザーとして、M&A案件のプロセス全般に関わって案件の成約までをサポートする。ファイナンシャルアドバイザーは証券会社や外資系投資銀行のアドバイザリー部門などが専門部署を置いている。彼らの役割は、先方との交渉のアレンジからデューデリジェンスの段取りや買収価格の交渉、さまざまな関連資料の作成など、ディールのサポート役として、案件の最中は昼夜と問わずに奔走し、案件が成立した際には多額の成功報酬を得る。通常、売り手と買い手のプリンシパル二社はそれぞれファイナンシャルアドバイザーを選任し、プリンシパルとそれを支えるファイナンシャルアドバイザーは二人三脚で、ディールの成功を目指すことになる。

そして、M&Aを進めるために活用する外部専門職として弁護士（法律事務所）と公認会計士（会計事務所）の存在がある。

弁護士は、基本合意から最終契約に至るまで、プリンシパルの意向に沿った法律文書を起草し、相手方との交渉に参加して、時にはプリンシパルの代理人として契約交渉にあたる。また、陣営が買収側の場合、買収対象会社のデューデリジェンスに出向いて、リーガル面から買収リスクがないかの検証を行う。

公認会計士は、買収価格の決定にあたり、その理論的根拠となる企業価値を算定する。対象事業の財務諸表や予想の損益計画（プロジェクション）を詳細に検証し、さまざまな角度から企業価値の在り方を分析した上で、プリンシパルに有利な価格交渉の理論構築を支援する。

企業価値評価といっても、現状の財務諸表ベースでの価値、将来事業から見込まれるキャッシュフローを織り込んだ価値、類似業種企業の株価を参考にした価値など、さまざまな評価手法がとりうるため、その中から最適なスキームを考えるのである。また、買収側のデューデリジェンスにおいて、貸借対照表の資産性や損益計算書における収益構造の分析など，買収価格の決定に大きく影響する重要事項の調査を担う。買収対象企業が会計監査を受けていない場合，貸借対照表に計上されている資産の価値は帳簿価格よりも低いことが大半である。貸借対照表の中身を精査して，資産の実質価値を算定することも公認会計士の役割である。

このようにプリンシパルを中心に，ファイナンシャルアドバイザー，弁護士と公認会計士が一つのチームとなって，それぞれの役割を果たしながら，案件の有利な成立を目指すのである。

一旦，M&A案件が開始すれば，デューデリジェンス対応やディールのスケジュール管理など，事務作業の量は膨大になる。これを効率的にこなしていくためには，ファイナンシャルアドバイザーや外部専門家をうまく使うマネジメント能力が必要である。業務の中には，必ずしもプリンシパルが関与する必要がなかったり，その経験・能力に乏しい業務もある。そのような業務はファイナンシャルアドバイザーや外部専門家に任せ，プリンシパルは買収価格の決定や対外的な説明，社内調整などに時間をかけたほうがよい。M&A案件はいつまでに合意に至る，という交渉の期限が定められていることも多く，ディールの終盤に近づくほど，時間的制約に追われ，意思決定にかけられる時間は限られてくる。最終局面では連日，夜を徹した交渉となり，体力勝負になることもままある。その時にプリンシパルの社員が疲弊していると，気力・体力で劣って交渉負けしてしまう。

外部専門家は大きな会計事務所や弁護士事務所なので人員の替えがきくが，プリンシパルのディールメンバーはそうはいかない。周辺業務であるデューデリジェンスや日程管理などは，思い切って外部専門家に任せ、プリンシパルは案件の成否に関する重要論点を見据え、常に到達目標との距離を測っておくことが大切である。長期にわたるハードな交渉を乗り切るためには、プリンシパルと外部専門家の各々の立場、専門性を活かしたチームマネジメントが不可欠である。

企業の「価値」と「価格」

企業がM&Aに取り組む上で、売買当事者にとって、最も重大な関心ごとは買収価格である。買収価格というのは、最終的に売り手と買い手が合意すればよいのだから、決められた公式に従って価格が算定されるわけではない。公認会計士や弁護士が、企業価値評価の理論的な考え方をいくらレクチャーしても、当事者同士がNOと言えばディールは成立しない。優秀な経営者には定量的評価で測りきれない事業の将来像が見えていたり、買い手の資金準備が十分でない場合は、理論上の企業価値は高くとも、単に資金不足で金銭を支払うことができない場合もある。M&Aは基本的に相対取引であるから、売買当事者の主観や諸事情によって買収価格は大きく左右される。

そのような個別事情はあるにしても、M&Aというのは、見知らぬ法人同士がお互いの利益のために、事業の売買を行うものである。価格の考え方について何らかの共通認識（たたき台）がなければ合意に至ることはなかなか難しい。この点、M&Aの当事者同士が合意するのは「価格」であるが、その前提となる企業の「価値」について、日本公認会計士協会が「企業価値評価ガイドライン」を公表し、その評価対象事業から創出される経済的便益の考え方について、評価実務をとりまとめている。

この企業価値評価は、これまでの日本のM＆A実務において使われてきた理論的枠組みであり、これをうまく活用することで、当事者同士の「価格」の交渉過程において相互理解を深め、合意に向けた建設的な歩み寄りを図ることができる。仮にそのような理論的な評価のアプローチがなければ、お互いの希望を言い合うばかりで、話し合いはいつまでも平行線を辿ることになる。

例えば、「企業価値評価ガイドライン」では、大別して3つの評価アプローチを提示しているが、そのうちの一つであるネットアセットアプローチは、現状の企業の資産・負債を清算した場合、いくらのキャッシュになるかに重点を置いている。またインカムアプローチの一つであるフリーキャッシュフロー法は、企業が将来、どれだけのキャッシュフローを獲得できるかという収益獲得能力を適切に評価しようとする。現状が不採算で、将来キャッシュフローを見込めないような会社を売買する場合、ネットアセットアプローチで現在の清算価値を重視するのが合理的であるが、ベンチャー企業のように将来の成長を見込む会社を現状の資産価値だけで評価するのは正しいアプローチとはいえない。ベンチャー企業のように会社の新技術が、将来、多額のキャッシュフローに結びつく可能性が高い場合は、フリーキャッシュフロー法でその将来性を評価するほうが、売買当事者の利害を適切に価格に反映できる。

売買対象会社の何を評価するのか？　これを合意することができれば、それを評価するために最適な企業価値評価のアプローチを選択すればよい。そうして現実的な売買の「価格」を交渉のテーブルに乗せることができる。

図表３－５　企業価値の概念

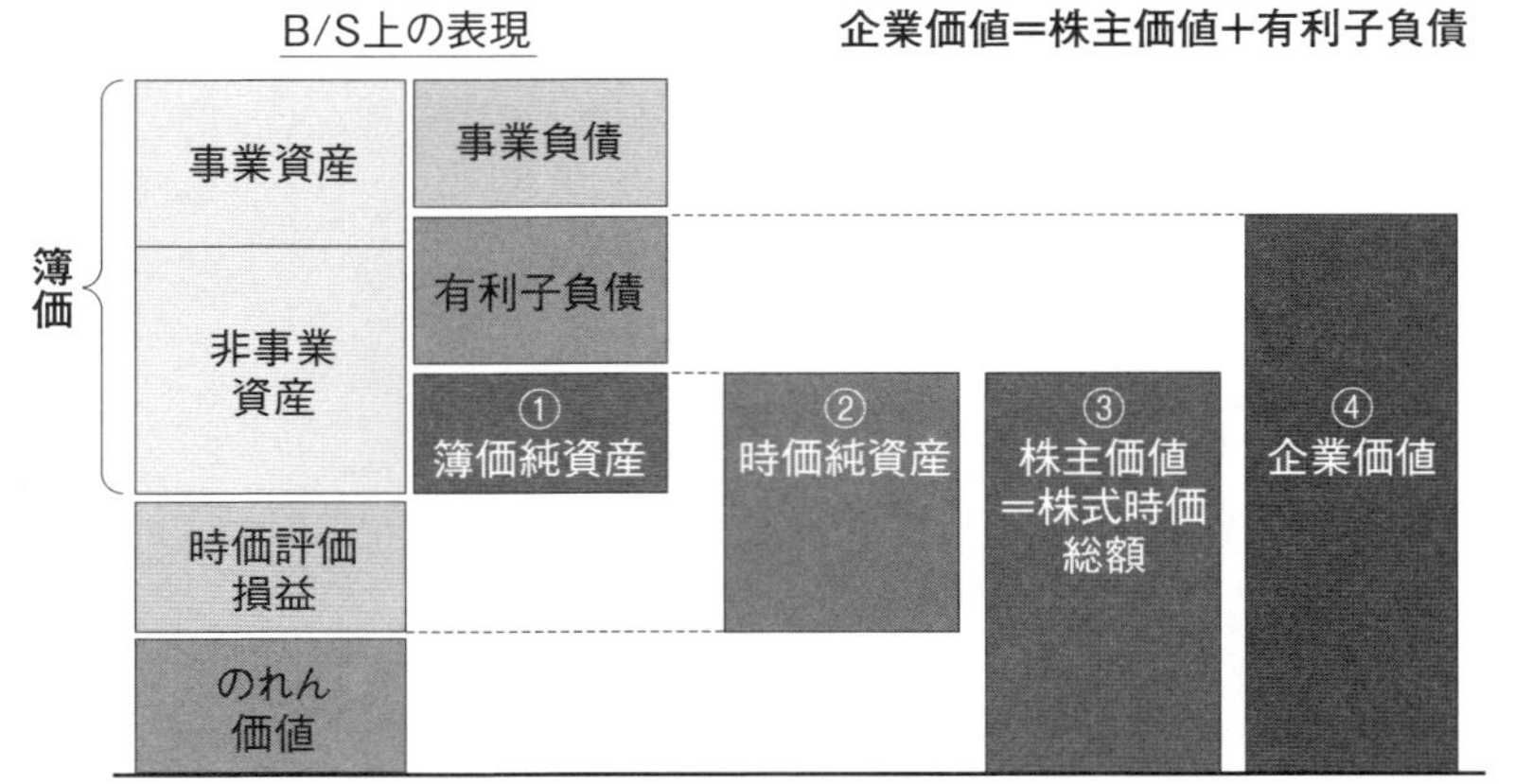

企業価値評価の実務においては、企業価値、株主価値、有利子負債やのれんなどさまざまな概念が使われる。いまこれらの諸概念を、貸借対照表上の表現と関連して示したものが**図表３－５**である。

この図の貸借対照表をベースに価値概念を説明すると、資産のうち、棚卸資産や固定資産のようにそれらを事業活動で将来、使用・売却することを目的として所有する資産を事業資産という。したがって、事業資産は将来のキャッシュフロー獲得能力がその資産価値となる。これに対して、現預金や有価証券のように売却目的で保有する非事業資産は、現時点の換金価値でその資産価値を評価するのが保有目的にかなった資産評価である。資産を保有する目的によって評価の考え方は異なるが、いずれにしても現在または将来的にいくらのキャッシュを創出するかという視点に立っている。

①　簿価純資産は貸借対照表上の事業資産と非事業資

産の合計から負債（事業負債＋有利子負債）を差し引いたものであり、簡単にいえば、貸借対照表における簿価ベースの純資産の合計である。

② 時価純資産とは、事業資産のうち時価評価が可能な土地や、非事業資産の有価証券などについて、評価時点での時価（換金価値）を付し、評価損益を加減したものである。

③ 株主価値は、貸借対照表で通常は評価することができない企業の将来性や超過収益力、すなわち、当該会社のブランド力や製品開発能力、そこで働く従業員の熟練度などの価値評価を加減したものである。

上場企業の場合、証券取引所で株式が売買されており、株式の時価総額は、株価×発行済株式総数によって算定される。この③株式時価総額（株主価値）と、②時価純資産との差額が理論上の「のれん」である。これは、時価純資産を株式時価総額が上回る場合、市場は時価純資産には反映されていない企業価値を評価して、より高い価格で株式を売買していると考えられるためである。

④ 企業価値とは、③の株主価値に有利子負債を加えた価値をいう。企業が事業投資を行う場合、株主から調達した資本と銀行などから調達した有利子負債とで明確な区分がされているわけではない。したがって、企業価値とは、企業が保有する資産から得られるすべてのキャッシュフロー期待値（事業資産＋非事業資産＋時価評価損益＋のれん価値）から、事業負債の支払いを差し引いて、算定するのである。

企業価値評価のアプローチ

「企業価値評価ガイドライン」(日本公認会計士協会)によると、企業価値をどのような切り口に基づいて評価するかは、大別して(1)インカムアプローチ、(2)マーケットアプローチ、(3)ネットアセットアプローチという3つの考え方がある。

(1) インカムアプローチ

これは評価対象の企業が将来獲得するキャッシュフローや利益を、現在価値に割り引いて評価する手法である。通常、企業が資産に対して投資するのは、それを使用し、活用することによって、将来キャッシュフローを得ることを目的として行っている。その将来の収益獲得能力を評価することに主眼を置いた評価手法である。フリーキャッシュフロー法がその代表であるが、企業価値とは、理論的には企業が将来に獲得するキャッシュフロー総額を現在価値に割り引いたものと考えられ、また将来のキャッシュフローの見積もりは、対象企業固有の事情を勘案して評価に反映できることから、企業評価の手法として合理的と考えられる。

一方、短所は、現実的には企業の将来の収益力を評価するには経営者の恣意性が入らざるを得ず、将来キャッシュフローの見積もりに客観性を欠き、評価結果について第三者の理解を得ることが難しいという点である。

（2）　マーケットアプローチ

これは評価対象会社と類似の業種で上場している会社を選定し、それらの企業の株価が1株当たり当期純利益や純資産の何倍かといったマーケットの趨勢を評価対象会社の評価に利用する方法である。この手法は、類似業種に対する株式市場の取引実態が株主価値に反映され、納得性が高いという長所がある一方、株式相場の趨勢であるため、個別企業の特殊事情を考慮できないという短所がある。

（3）　ネットアセットアプローチ

これは貸借対照表に計上されている資産や負債をもとに、簿価や時価で資産負債を評価し、純資産を株主価値と考える方法である。この手法は、財務諸表の貸借対照表をベースにしており、客観性が高いという長所がある一方、あくまで一定時点の資産負債の換金価値であり、企業の将来的な収益力や市場の取引実態を一切加味していないという短所がある。

評価実務でよく用いられる手法

（1）　フリーキャッシュフロー法

フリーキャッシュフロー法（以下、ＦＣＦ法）は、ディスカウントキャッシュフロー法（ＤＣＦ法）ともいわれ、企業活動が継続していくことを前提として、将来に得られるフリーキャッシュフローの総計を企業価値評価の主眼に置く評価手法である。

図表３－６　フリーキャッシュフロー法

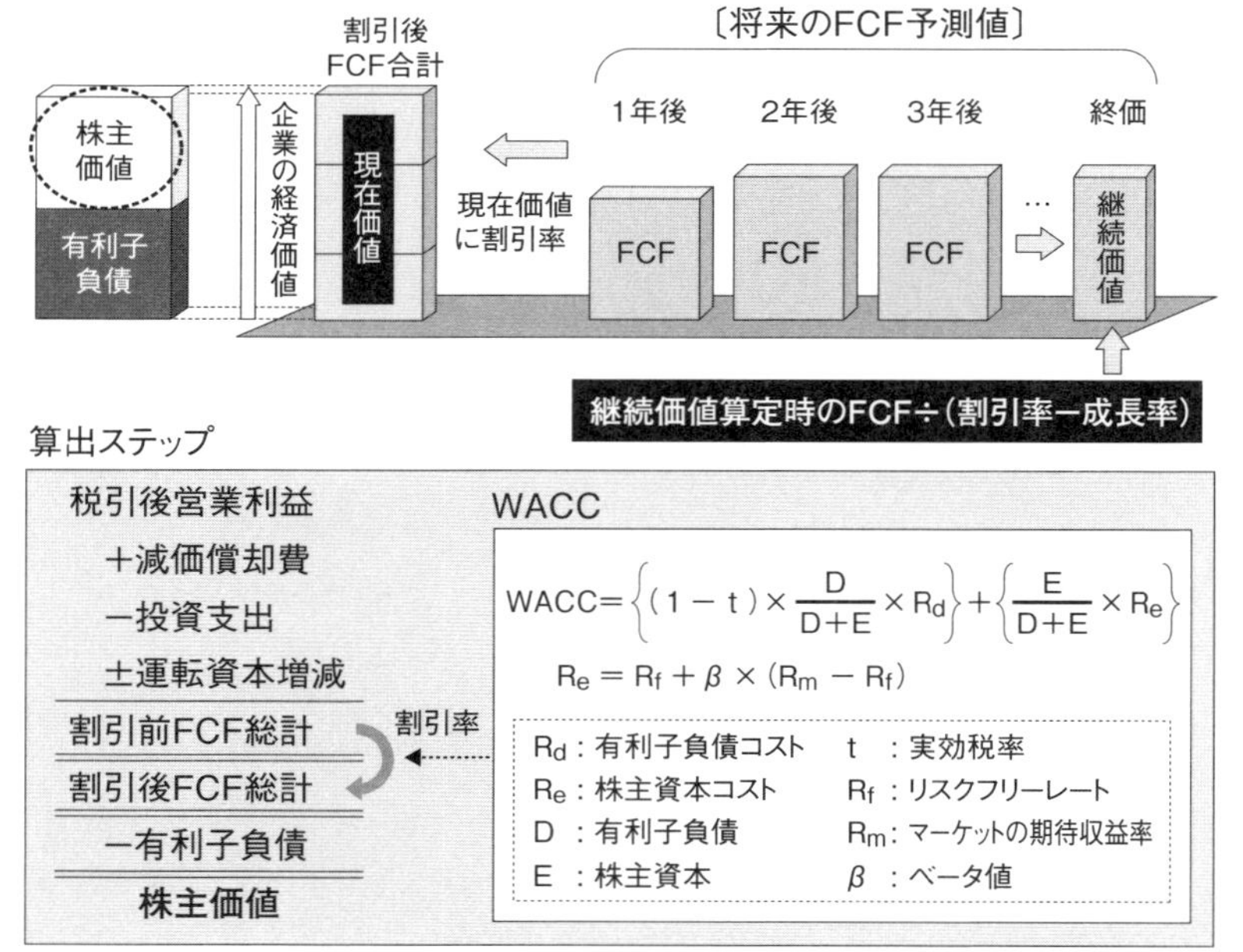

ＦＣＦ法は、将来のフリーキャッシュフロー（以下、ＦＣＦ）を予測することから始まる。会社の中長期計画などから３～５年程度のＦＣＦの予測値を算出する。ＦＣＦは、税引後の営業利益に減価償却費を足し戻し、投資支出を控除して、さらに運転資本（売掛金や買掛金）の増減を加減して求められる。

合理的に算定できる３～５年を超える期間に得られるＦＣＦについては、継続価値（又は終価ともいう）といわれ、これも価値評価に加える必要がある。通常は、合理的なＦＣＦ予測値を見込める最終年度のＦＣＦを一定率で割り戻して、継続価値を算定する。一定率とは、企業価値評価において使用する割引率から将来の成長率を差し引いた率（割引率－成長率）である。

図表３－６のように将来1～3年のＦＣＦと継続価値が算出できれば、それを資本コストで現在価値に割り引く。資本コストについては、買い手が企業買収にあたって資金調達を必要とする場合、その調達コストを用いることが多い。この場合は、加重平均資本コスト（ＷＡＣＣ）といって、負債の調達コストと株主資本の調達コストを加重平均した数値を使う。さらに将来のＦＣＦの見積もりは、不確実な見積もりであるから、買収側はその不確実性を割引率を高めることでヘッジしようとする場合もある。つまり、割引率を高めれば現在価値は下がり、企業価値も低くなる。この割引率をどのように考えるかで、ＦＣＦの現在価値は大きな影響を受けるため、ＦＣＦ法による評価において割引率の決定が交渉の大きな争点となることが多い。ＷＡＣＣについては「第5章　意思決定会計と不確実性」でより詳しく説明している。

割引率が合意に至り、将来ＦＣＦの現在価値総計が算出されれば、そこから有利子負債を控除して、株主価値が決まる。

企業の継続的な事業活動を前提とすれば、企業価値とは企業が将来得られるキャッシュフローの総計である。したがって、将来キャッシュフローを評価するＦＣＦ法は、将来多額のキャッシュ獲得を見込む会社に対しては、最も合理的な企業価値算定の手法といえる。しかしながら、ＦＣＦ法は将来キャッシュフローの算定に売り手の主観が入らざるをえず、売り手側のお手盛りの危険性もある。また、現在価値への割引率の設定など、多くの仮定の上で成り立っている計算であるため、当事者同士の合意が容易ではないというデメリットもある。

図表３－７　時価純資産法

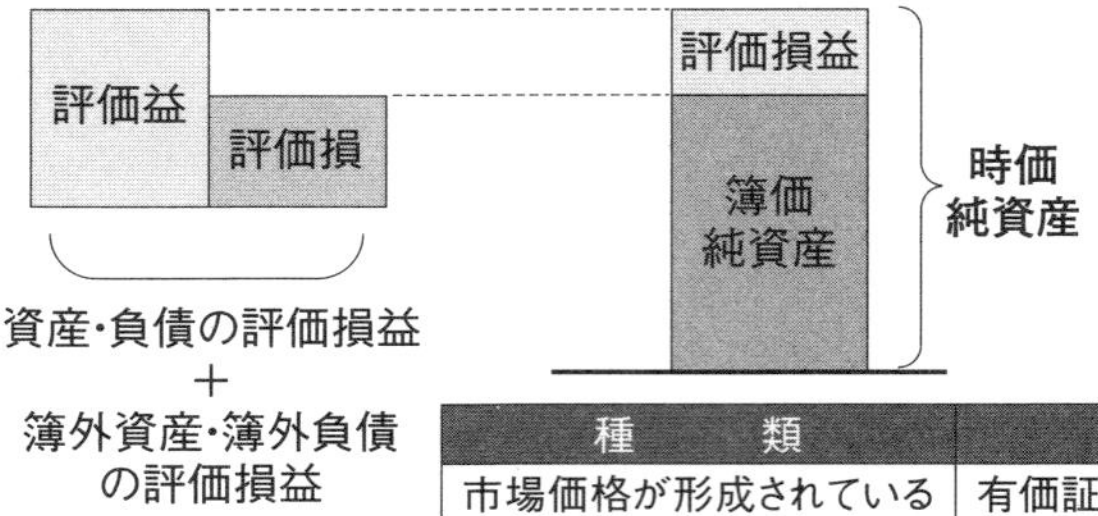

種　　類	科　　目
市場価格が形成されているもの	有価証券、土地、建物
実質価額を見積もるもの	売上債権、棚卸資産、貸付金
簿外処理されているもの	退職給付債務（未認識分）、リース債務

(2)　時価純資産法

時価純資産法はネットアセットアプローチの一つである。これは貸借対照表の資産・負債をすべて時価（換金価値）に修正した上で、時価純資産に反映させる方法である。

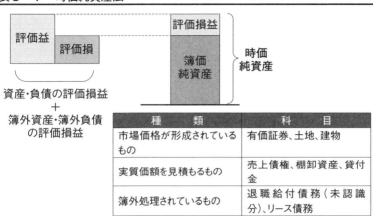

評価替えにおいては、資産のうち、上場有価証券のように市場が存在する場合は、時価を利用し，土地、建物については、実勢価格を利用する。売上債権や貸付金、保証金などの金銭債権についてはその実質的な回収可能額を見積もって評価替えを行う。棚卸資産、その他の固定資産などについては、その現実的な売却価額をもって時価とする。その他、簿外処理されている退職給付債務の未認識分がある場合は、それら簿外処理された負債も加味して時価純資産を算定していく。

時価純資産法は、貸借対照表の期末日を切り取って、静態的に企業価値を算定しようとするものである。言い換えれば、一定時点に当該企業の資産をすべて売り払い、負債を返済して残った価値を株主価値と考えるため、清算価値と類似した考え方である。不採算の状態が長く続き、将来的にも黒字化が見えない場合、買い手が現時点の企業実態でしか価格を算定しえないことがある。そのように事業が衰退期に入り、将来性の乏しい会社の企業価値評価に適したアプローチである。

(3)　市場株価法

市場株価法は、マーケットアプローチの一手法であり、評価対象企業と類似した企業の株価や財務数値を利用し、マーケットの趨勢を評価に取り込む方法である。市場株価法の代表的指標として、類似企業の株価収益率（ＰＥＲ法）と株価純資産倍率（ＰＢＲ法）がある。

ＰＥＲ法やＰＢＲ法は証券投資でよく使われるが、現在の株価が、１株当たり当期純利益の何倍か（ＰＥＲ）、１株当たり純資産の何倍か（ＰＢＲ）という指標である。

評価の手順は次の通りであり、計算自体は至って簡単である。

①　評価対象企業と業種・規模で類似する上場企業を数社選定し、平均ＰＥＲ・平均ＰＢＲを計算する。
②　評価対象企業の１株当たり当期純利益・純資産に①の計算結果を乗じ、株主価値を算定する。
③　評価対象企業が非上場会社の場合は、非上場ディスカウントを考慮する。

図表３－８　PER法・PBR法

PER法　**PER（株価収益率法）：株価が１株当たり当期純利益の何倍かを示す指標**

$$\text{PER} = \frac{\text{株価（P）}}{\text{1株当たり当期純利益（EPS）}}$$

PBR法　**PBR（株価純資産倍率法）：株価が１株当たり純資産の何倍かを示す指標**

$$\text{PBR} = \frac{\text{株価（P）}}{\text{1株当たり純資産（BPS）}}$$

評価手順

① 評価対象企業と業種・規模で類似する上場企業を数社選定し、平均PER・平均PBRを計算する
② 評価対象企業の１株当たり当期純利益・純資産に上記の計算結果を乗じ、株主価値を算出する
③ 対象企業が非上場の場合は、非流動性ディスカウントを考慮する

手順③の非上場ディスカウントとは、非上場企業は株式を売却しようとした折、株式市場でいつでも売却できるわけではない。上場企業の株式に比べて、通常は追加コストや時間がかかるため、相対的に株式の価値は低くなる。しかし、市場株価法で利用した類似業種の会社は上場企業であるから、このギャップを調整するために、非上場ディスカウントと称し、一定の価値を減じるのである。非上場ディスカウントの水準については明確な基準は存在しないが、実務上は20～50％程度をディスカウントしていることが多い。

　PER法・PBR法は、類似業種のマーケットでの株価を対象企業の株価算定に活用するため、市場取引の動向を織り込んでおり、客観性が高く、また計算が簡便という長所がある。一方で、評価対象会社によっては、上場企業の中に類似業種を見つけることができなかったり、株式相場が景気変動や金融危機など、個別銘柄の業績と相関しな

い理由で乱高下する市況のもとでは、評価結果に妥当性が得られないという短所がある。

ＥＢＩＴＤＡ倍率法

近年、企業価値評価において非常に活用されているのが、ＥＢＩＴＤＡ（Earnings Before Interest, Tax, Depreciation and Amortization）倍率法という企業価値評価の手法である。ＥＢＩＴＤＡは、米国発の企業価値評価の考え方であり、外資系の投資銀行の持ってくる資料はたいていＥＢＩＴＤＡ倍率法が最初に示されている。

日本企業でも過去の中期経営計画を見ていると、ＪＡＬやソフトバンクのように、経営成果を測る指標としてＥＢＩＴＤＡを利用している会社も見られる。

ＥＢＩＴＤＡ倍率法はもともと、企業価値評価の手法として現れてきたもので、マーケットアプローチの一つである。すなわちＰＥＲ法やＰＢＲ法と同様に、評価対象会社と類似する上場企業のＥＢＩＴＤＡ倍率を調べ、その結果を評価対象会社の企業価値算定に利用する。

ＥＢＩＴＤＡ倍率法は特に、自動車産業や通信事業などグローバルに事業展開する企業を評価する際に合理的といわれているが、その理由を理解するためにはＥＢＩＴＤＡの特性を知る必要がある。

図表３－９　EBITDAの計算

類似会社のEBITDA		
①	税金等調整前当期純利益	10
②	＋減価償却費	4
③	＋支払利息	3
EBITDA		17

図表３－10　EBITDA倍率法の計算過程

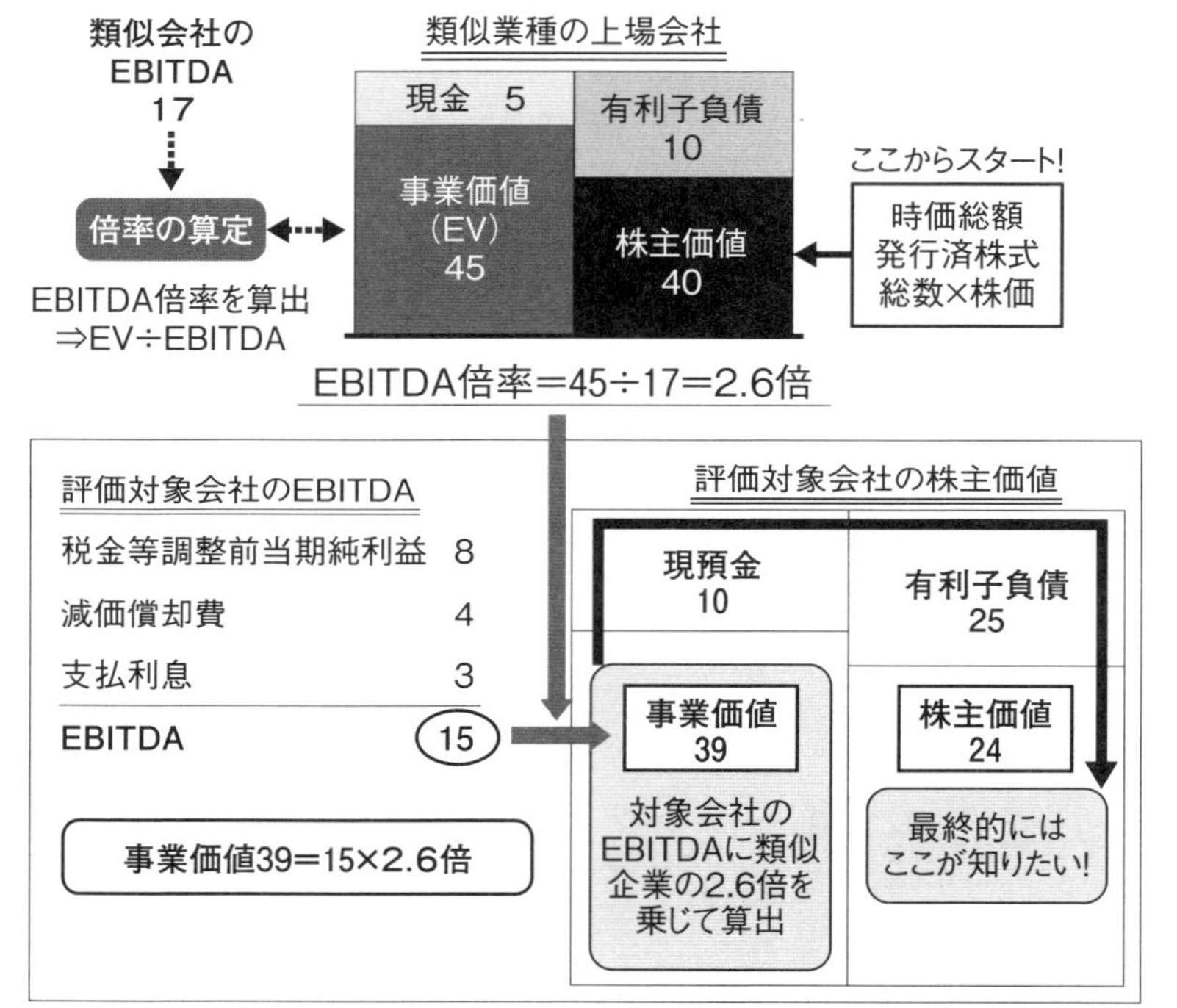

まずは、ＥＢＩＴＤＡ倍率法の算定手順を見ていく。

(1)　評価対象会社と類似する上場企業のＥＢＩＴＤＡの算定

ＥＢＩＴＤＡとは、税金費用、減価償却費、支払利息控除前の利益である。したがって、税金等調整前当期純利益に減価償却費と支払利息を足し戻して算定する。

例えば、評価対象会社と類似する上場企業の各数値が**図表３-９**のような場合、ＥＢＩＴＤＡは17となる。

(2)　類似業種会社の事業価値(Enterprise Value)及びＥＢ

ITDA倍率の計算
上場企業の事業価値は、株式時価総額に有利子負債を加え、現預金を控除して求められる。

事業価値（EV）＝株式時価総額（株価×発行済株式総数）＋有利子負債－現預金

図表３－10に示すように類似業種会社のEBITDA（17）と事業価値（45）の計算結果を用いて、EBITDA倍率2.6倍を求める。

ここで事業価値とは、株式の時価総額（株価×発行済株式総数）に有利子負債として調達した資金を加え、未だ投資されずに待機している現預金を差し引いたものである。すなわち事業価値とは、事業に投資された資金の合計であり、EBITDAを生み出す投資の源泉となるものである。

(3)　評価対象会社の株主価値の算定

評価対象会社のEBITDA（15）に類似業種会社のEBITDA倍率2.6倍を乗じ、事業価値（39）を算定する。評価対象会社の事業価値（39）が算定されれば、そこに現預金（10）を加え、有利子負債（25）を控除し、評価対象会社の株主価値（24）を算定する。

✓どうして事業価値（EV）を用いるのか

企業が獲得するEBITDAは、株主からの調達資本のほか、債権者からの借入金や社債といった有利子負債からも資金調達し、一体としてＥＢＩＴＤＡ獲得のために事業資産に投下されている。したがって、企業活動の成果物であるＥＢＩＴＤＡは株主資本のみからの投資成果ではないため、有利子負債の調達分を加える必要がある。逆に、現預金を控除するのは、たとえ株主や債権者から資金調達しても、投資されずに企業内に待機している以上、なんらＥＢＩＴＤＡ獲得には貢献しないため、ＥＢＩＴＤＡ倍率の算定から控除するのである。

✓どうしてＥＢＩＴＤＡを用いるのか

ＥＢＩＴＤＡは税金を控除する前なので、事業の結果、得られるキャッシュを表しているのではない。また、支払利息を控除する前なので、資本コストを十分に考慮しているわけではない。

しかし、当期純利益やフリーキャッシュフロー（ＦＣＦ）を事業価値と比較して、倍率を計算すると、特にグローバル企業同士を比較する場合に不合理な結果になる場合がある。それは、評価対象会社や類似会社が所在する国によって、各国の法定実効税率や調達金利が異なるからである。また、採用する会計基準の違いによって減価償却費の金額も異なる。この点、ＥＢＩＴＤＡが税金費用、支払利息、減価償却費を足し戻したＥＢＩＴＤＡを企業価値評価に活用する真意は、グローバルな企業価値評価において、各国の法定実効税率や市場金利、会計基準の相違を評価結果に混入させせないためである。

例えば、日本に所在する企業の株主価値を算定するために、アジアや欧米の類似業種企業を複数選出したとする。日本の法定実効税率が30％台であるのに対して、アジア企業は20％とすれば、税金費用控除後の当期純利益で評価すると日本企業にとって不利な結果となる。しかし、日本企業にとって法定実効税率は所与の要件であり、企業が独自に改善できる要素ではない。同じく市場金利についても、各国の中央銀行の金融政策に影響される部分が多く、それを個別企業の企業価値算定に反映させることは適切ではない。要するに、ＥＢＩＴＤＡ倍率は、クロスボーダーでＭ＆Ａや企業価値評価を行う際に、外部環境である各国の法定実効税率や市場金利、減価償却計算を度外視し、公平な企業間比較を行うことを最大の目的としている。

そういった理由から、ＥＢＩＴＤＡ倍率法は、大規模でグローバルに展開する企業同士のＭ＆Ａにおいて利用されることが多い。

のれんの会計処理

Ｍ＆Ａを行う上で、一つ事前に考慮しておく会計の重要な論点がある。それは「のれん」の会計処理である。のれんとは、ある会社を買収するにあたり、買収金額が、買収される会社の資産から負債を控除した金額を上回る場合の差額である。

例えば、**図表３－11**のように買収対象会社の純資産（資産－負債）が20であるときに、買収価格が50支払われた場合、差額の30は貸借対照表に計上されていない何らかの価値に対して支払われた対価であり、これを「のれん」という。

企業が保有する資産や支払義務を負っている負債は、貸借対照表に計上されるが、中には貸借対照

図表3－11　のれんの概念図

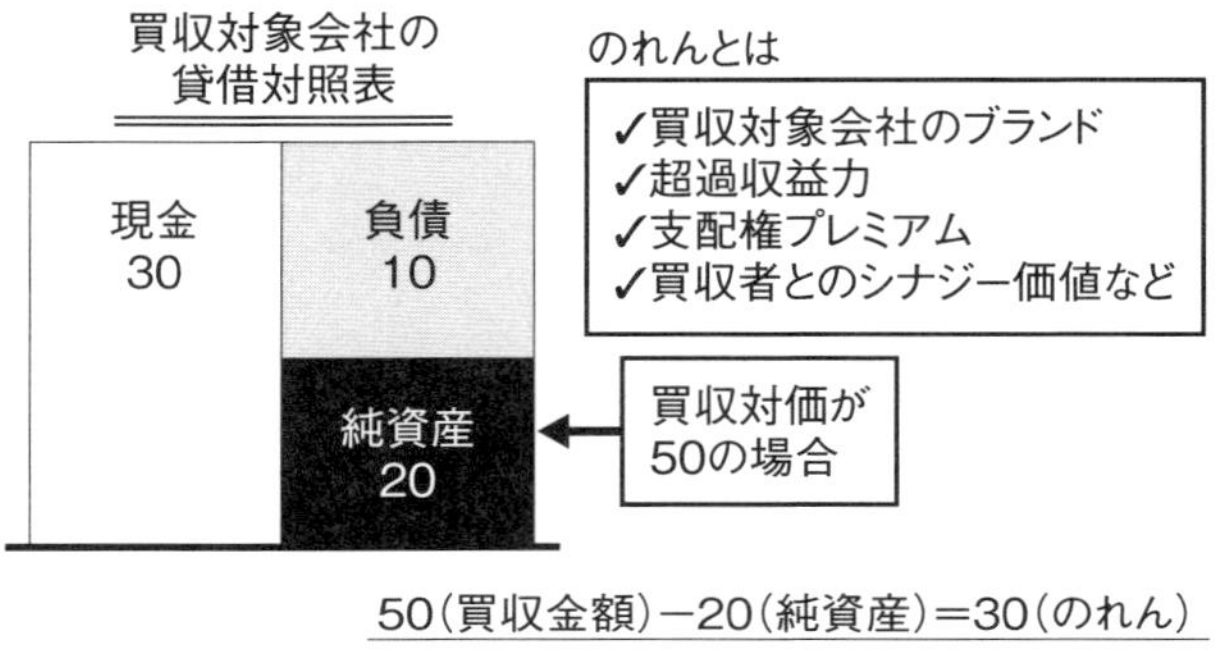

表に計上できない企業価値がある。のれんは古くは、「ブランド」や「超過収益力」などといわれ、貸借対照表では認識できないものとして漠然と捉えられていた。

しかし、のれんはそれ以外にもさまざまな理由で発生する可能性がある。例えば買収する企業が、買収対象会社との間に事業のシナジーを見出して多額の買収対価を支払う場合、その本質は事業シナジーである。また、買収対象会社の支配権を獲得するような買収の場合、買収金額に支配権獲得のプレミアムが加算されている。

のれんについては、長らく、この買収価額と買収対象会社の純資産との差額が本質的に何を意味するのか、そしてそれをどのように会計処理すべきか、という際限のない議論が繰り返されてきた。結局のところ、現行の日本の会計基準は、のれんについて、資産に計上し、20年以内の効果が及ぶ期間にわたって、定額法その他の合理的な方法により規則的に償却し、さらにその価値が明らかに過大と認められる場合には、「固定資産の減損に係る会計基準」の適用対象として、減損処理がなされる。

いわゆる「規則償却＋減損適用」という会計処理を採用している。これは買収後に「のれん」が段階的に費用計上され（規則償却の場合）、価値の減価が著しい場合には、一括して損失処理（減損適用の場合）されることを意味する。

のれんについては、そもそも時の経過によって減価しない価値もあり、一律に規則償却を採用することは合理的ではないという考え方もある。これに対して、日本の会計基準が規則償却を採用しているのは、のれんを投資原価の一部とみて、買収後にその事業が収益を上げるならば、その収益と対応させて段階的に費用処理することが収益費用の対応原則から合理的と考えられることや、のれんを非償却とすると、買収時ののれんがやがて買収後に自らが創設したのれんに移り変わってしまい、自己創設ののれんの計上を認めることになるためである。

この「のれん」の会計処理が企業買収後の連結決算に及ぼす影響は大きいものである。仮に同じ50の買収対価であっても、買収対象会社ののれんが10（純資産は40）であるのか、40（純資産は10）であるのかによって、買収後の連結決算に及ぼす影響は大きく異なる。つまり、のれんが10であれば、10を対象に規則償却が行われ、将来的にのれんが費用計上される総額は大きくはない。仮に買収後に対象企業の業績が悪く、のれんの価値を否定されて、減損会計を適用されてもその限度額は10である。

これに対して、のれんが40発生する企業買収の場合、規則償却にしても、減損適用にしても、買収後にのれんが損失計上される上限は40となり、買収事業の業績次第で将来的に連結決算が大きく落ち込むおそれがある。

実際のところ、過去の大型買収では買収後にのれんの価値が認められず、多額ののれんを一括して損失計上するケースがよくある。このようなのれんの減損処理は、企業が過去の買収金額が過大であったことを認めることを意味し、株主や債権者への説明責任を果たす上で大きなマイナスである。したがって、M&Aによる企業買収に際しては、買収対象会社の貸借対照表を精査し、その純資産を上回って買収対価を支払う場合、のれんがいくらであるのか、のれんを何年で償却していくのか、減損会計を適用される可能性はないのか、といった事前の検証が必要になってくる。

これは結局のところ、企業買収に際して事前に「買収対象の何に価値を見出すのか」、「それはいくらか」を自問することであり、慎重な買収価格の決定につながる。

本章のまとめ

M&A業務は企業の戦略実務の中でも、なかなかタフな業務である。一つのディールで動く金額が大きく、時間的制約がある中で、多くのリスクを評価し、矢継ぎ早にさまざまなことを判断していかなければならない。うまく成功すれば、事業投資から成果を獲得するまでの時間を短縮できるが、対象事業に含む瑕疵を見抜けずに買収すれば、後々、巨額の損失を被ることになる。

そのような買収リスクを回避するには、対象事業のデューデリジェンスを丁寧に評価し、適正価格で事業を買うことである。そのためには、会計、戦略、法務、財務の企業内人材のチームワークを固め、外部専門職をマネジメントし、ディール独特の雰囲気に流されないよう、ディールの当初目的をしっかりと見据えて走りきることである。

実務ノート３

デューデリジェンスの極意

事業の買収や売却において実施されるデューデリジェンス（以下、ＤＤ）は、買収金額の算定や将来のリスク回避のために非常に大切な手続きである。ビジネス面でのＤＤは、対象事業の競争力を知り、買収後の経営計画を立案する上で、なくてはならないものである。また法務ＤＤでは、対象事業がどのような知的財産権を持ち、そして係争の種を抱えていないか、などを重点的に確認する。財務ＤＤにおける主眼は、対象事業が抱える不良資産を正確に査定し、あるいは、簿外負債の意図せぬ承継を防ぐことで、買収対象事業の高値掴みを予防することにある。

仮にＤＤで買い手が十分な心証が得られない事項があれば、最終契約書において売り手は、「その事項に関してリスクがないこと」を表明保証させられ、ディール後に売り手の表明保証違反が発覚すれば、後々、売却金額が削られることになる。それは売り手も望むことではない。このためＤＤにおいては、売り手と買い手の双方がスムーズに情報交換を行い、対象事業に対する正確な認識のもと、ディールを完遂することがお互いの利益にかなう。

とはいえＤＤは無期限に実施するものではない。通常は短くて２週間、長くて２か月程度に限って行われるため、特に買い手にとっては、「時間」が最大の制約となる。このＤＤ期間をどれくらい確保できるか、そこからすでに交渉の駆け引きは始まっている。

私はかつて、香港のある会社を買収するためにＤＤに向かった。先方の本社に到着し、上級役員との友好的なキックオフミーティングも束の間、ＤＤ場所として案内されたのは、本社向かいにある旧本社建物だった。この建物は当時、使われていなかったため、基本的な造作が取り外され、真冬であるのに暖房もきかない。それはそれは寒くて、室内であるにもかかわらず、全員コートを着て立ちながら足踏みしていた。埃まみれのテーブルに無造作に置かれた書類の山を見て、少なくとも現場には歓迎されていないことを悟った。後にＤＤを何件も経験して知るのだが、これは売り手サイドによくある状況で、本社は売却したいが、現場は売却されたくない場合の典型的なＤＤ対応である。

またある時は、タイでのＤＤの最中に軍部のクーデターが勃発した。といっても、当時のタクシム政権下のタイで市街地に戦車が走るというのは結構よくあることで、それほどの重大事に至ることはあまりなかった。しかし、売り手は戦車が王宮近くに迫るや否や、それを理由に会計事務所に設置していたＤＤルームを閉鎖してしまった。無論、事態収束後に再度ＤＤ期間が設けられると思っていたら、約束したＤＤ期間は過ぎたのでその権利はない、と返答してきて驚いた。

またある時は、イタリアに本社のある会社を買収しようとして、貸借対照表上の棚卸資産の中の仕掛品に目が留まった。販売会社であるのに仕掛品（期末日に製造過程の途中にある棚卸資産）が多額計上されている。妙なのでこれは何か、これを見たいと言うと、それはスペインの外部倉庫にあって、ここにはないと言う。仕掛品とは、普通は工場にあるもので外部倉庫に預けるものではない。これはおかしいと思って、急遽、スペインに向かった。ようやくある町の港湾近くに外部倉庫を見つけて入ると、そこには返品在庫が山高く積まれていた。倉庫の天井付近にはカモメがたむろしていて、在庫を汚している。

それでも先方の担当者が悪びれもせず、「これから修復して良品にするのだから問題はない。これは仕掛品だ」と言い放った時は、さすがに悪意を感じて、交渉の進め方自体を見直さざるを得なかった。

もしあの時、気づいていなければ、後に不良在庫が発覚しても、仕掛品として記載していたことを理由に責任逃れの抗弁をするのであろうか？　「商品」ではなく、「仕掛品」と伝えたにもかかわらず、その資産性の精査を怠った買い手の落ち度であると…。あえて仕掛品と表示したことは、後の訴訟や和解を見越して、少しでも買い手に帰責性を負わせるための意図的な工作である。どのように良心的な見方をしても、偶然の可能性は限りなく低かった。

日本企業同士のM＆Aの場合は、レピュテーションの低下を恐れて、そこまで酷くはないが、グローバルなM＆Aでは、「隠す」ことが臆面もなく行われ、性善説で臨むと本当に手痛い目にあう。散々隠し通して、見つけられないほうに落ち度があるかのような主張には、席を蹴りたくもなる。

M＆Aの最大のリスクは、買収対象がたった今まで他人が経営してきた事業だということにある。整備が行き届いたピカピカの乗り物もあれば、奥のほうに抜き差しならない時限爆弾のような欠陥を抱えたものもある。

不測の事態を避けるためには、不審に感じた点を徹底的に調べ倒す覚悟が大切である。
そういう意味で、デューデリジェンスの極意というのは徹底した現場主義で、将来の不測の損失を必ず水際で防ぐという執着だと私は思っている。

仮に売り手のＤＤ対応が不十分で、追加の調査を依頼しているにもかかわらず、売り手が真摯に応じない場合、そのままその案件から立ち去って、二度と戻らないことをおススメします。そこには隠すだけの事業の失敗が必ずあります。

4

予算管理とＣＶＰ分析、そしてバランススコアカード

企業が中期経営計画を達成しようとすれば、その数値目標は短期的に事業部、課に割り振られ、達成可能な予算として現場が認識しなければならない。過剰に高い営業目標や実現不可能な経費削減などは現場のモチベーションを低下させ、組織を疲弊させる。本章では企業における予算の意義、策定の手法を考える。また、企業が利益を計上するために必要な損益分岐点や最適な経費構造を考えるにはCVP分析が役に立つ。さらにバランススコアカードは、予算達成に直結した現場のアクションプランを策定する際に有用なツールである。

予算と中期経営計画

企業が策定する予算は中期経営計画と並んで、会計と経営戦略をつなぐ重要な鍵である。企業は中期経営計画を策定して、数年後のあるべき会社の姿を思い描く。これは企業の経営陣が投資家や債権者に対して約束する会社の将来像である。

しかし、いくら新たな事業分野への投資や売上高、ROAの目標を掲げても、それは現在の会社の延長線上にあるのであって、どのようにその理想を実現するかという戦略の裏付けや時間軸の目標がなくてはならない。企業が中期経営計画で示す達成目標とは、今の現状から一歩、一歩、企業努力を積み重ねた結果、手繰り寄せることができる「会社がなりたい希望の姿」である。

しかし、実際には上場企業であっても、勢いよく打ち上げた中期経営計画の数値目標が度々、失速して未達成に終わる。なりたい会社の姿は明確でも、今の会社との間に乖離がありすぎて、目標達成に向けてどのように進んでよいのかわからないのである。そもそも多くの会社の経営者は会社の現状認識が大雑把である。事業の利益率や投資効率の認識が随分と過去のものであったり、経理部長の話を鵜呑みにしてしまって、自ら数字に向き合い「なぜそうなったのか?」深く考えるということをしていない。会計的指標によって客観的かつタイムリーに会社の問題を把握できていないから、中期経営計画が今の経営課題を投影していないのである。そのようにならないためにも、中期経営計画を単年度の行動計画に落とし込んで、今の会社の延長線上に将来の姿を見出さなければならない。

近年の中期経営計画は大体が3カ年計画だから、少なくとも3カ年の会計年度に中期経営計画をブ

図表4－1　中期経営計画と予算の関係

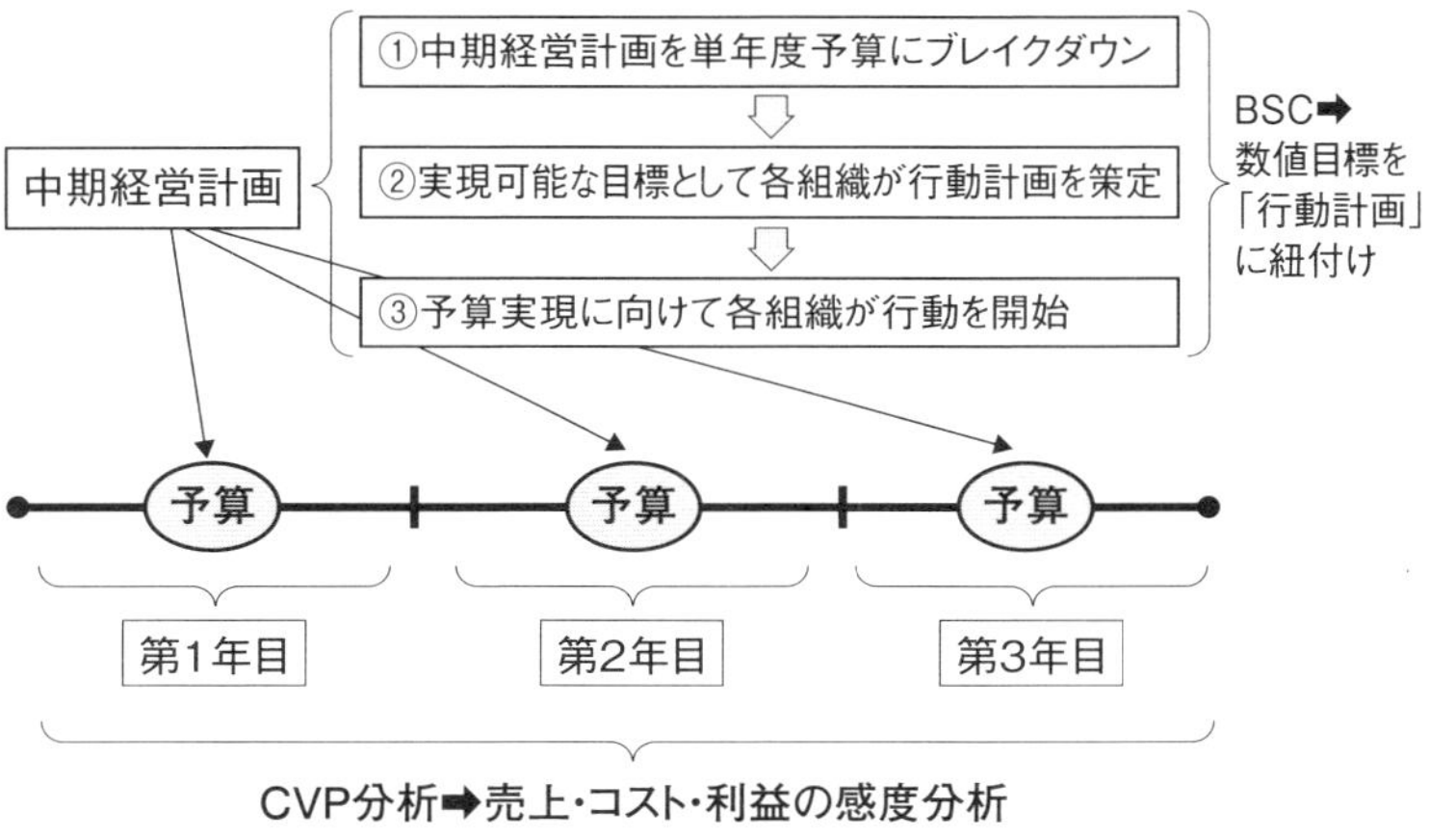

レイクダウンして、その実現を推進していくことになる。

予算制度とは、この単年度の進捗管理の中核を成すものであり、数値的な根拠を伴って具体化されたものをいう。端的にいえば、各事業部・課がどれだけの売上高を計上し、いくらの経費を使って、利益を稼得するのかを示している。その意味で、会社は予算で動いていると言っても決して言い過ぎではない。

社外の機関投資家は会社が公表する中期経営計画や年度決算ばかりに注目するが、社内の部長、課長レベルでは中期経営計画は不案内でも、自部門の予算だけは頭に叩き込まれている。これは予算の達成が個人の業績評価に結び付いており、予算未達が3カ月も続こうものなら、社内会議でこっぴどく槍玉にあげられるのだから当然である。事業部門では、月次予算、四半期予算、そして年度予算の達成に向けて、文字通り心血を注いだ活動を繰り広げる。

予算の中身は、売上目標に経費予算、投資計画（予算）に資金計画など、いうならば、1年間の企業利益とキャッシュフローの流れを示した数値計画である。とはいえ、予算というのは十社あれば十様で、一つとして同じような予算は見たことがない。予算のエッセンスは同じでも、事業の性質や、規模、競合の状況や自社のポジションによって分析の切り口は異なるし、改善策も変わってくる。予実（予算と実績）の差異分析を見れば、その会社がどの程度の現状認識と問題解決能力を有しているかの目算がつく。

企業の財務経理を預かる会計参謀（ＣＦＯ）にとって、予算を適切に運用していくことは、中期経営計画の達成に向けて一つずつ、道標を辿っていくような作業であり、それは日々の地道な利益管理機能の作り込みである。

予算の功罪

予算の最大の功は、中期経営計画と単年度の行動計画をつなぎ、企業の理想の将来像とその実現のための現場行動を結び付ける機能にある。というのは、単年度の予算に展開できない中期経営計画など実現の見込みはなく、文字通り画餅にすぎないからである。中期経営計画だけがポカンと宙に浮いてしまって、単年度の予算や現場の行動計画とうまく結び付いていない会社が多い。これは中小企業の場合は、そもそも中期経営計画や予算を作るノウハウが社内にないことが原因であり、大企業の場合は、外部投資家からの評価を高めるために中期経営計画が薔薇色に作られていることが問題の背景にある。

企業が中期経営計画を策定する以上、それは達成できなければ意味がない。そのためには中期経営計画を現場に理解できるよう各部門の予算に展開し、本年度に達成すべき利益目標を共有することで、組織の成員は初めて、自らの役割分担を認識し、その達成に向けた努力を始める。これは企業の経営目的達成のために欠くことのできない社内コミュニケーションである。

事業規模が連結ベースで数百億円を超え、従業員が千人以上のレベルになると、この社内コミュニケーションは一層大切である。この規模になると、経営者と現場との間には、意思決定の階層の面でも、物理的にもかなりの距離がある。経営者が現場を回って意見を聞くことが、かなり難しくなる事業規模である。私がかつて経験したクライアントでは、現場が中期経営計画を「お告げ」とか「御託（ごたく）」などと呼んでおり、公然と揶揄していた。本社が独断で中期経営計画を策定し、現場の信認を得られていないとこういうことになる。

中期経営計画と予算の関係でいえば、中期経営計画の目標があまりに高いと、予算に展開する際にハードルが高すぎて、現場の行動計画に落とし込むことができない。かといって、予算達成ありきの見栄えのしない数値目標だと、その3カ年の合計である中期経営計画は、投資家からの厳しい評価を受けることになる。この両極のバランスを見極めて、中期経営計画と予算とを適切にコントロールする勘どころが求められる。

一方で予算の罪は、時として予算の存在が企業経営の機動的な環境適応を妨げることである。会社の予算は、新しい会計年度が始まる数カ月程度前に大枠は策定されている。一度、予算を策定した後に著しい環境変化に見舞われた場合、事業規模が小さい企業ならば、会計年度の途中で予算を見直すことも可能である。しかし、連結子会社が数百に及ぶような大規模な複合事業体では、会計期間の途中で予算を編成し直すことは現実的になかなか難しい。そのような事業体は、船でいえばタンカーのようなもので、急には減速も方向転換もできないのである。

２００８年にリーマンショックが起こった時、多くの会社が売上高前年同月比10～30％減少という激しい売上減少に見舞われた。しかし、機動的に経費予算や投資予算を見直すことができず、多くの会社の決算が赤字に沈んだ。予算があまりに硬直的な制度になってしまうと、企業の環境適応の縛りとなることは予算制度の限界である。

予算の体系図と策定方法

予算の体系は**図表４－２**に示す通りである。企業が目標利益を達成するために、最も重視されるのが損益予算である。その内容は販売、製造経費、一般管理費から営業外費用に至るまで、目標利益を達成するためにブレイクダウンされた機能ごとの予算である。

損益予算では、本業で稼得する営業利益に加えて、支払利息や受取配当金など金融取引を加味した経常利益、さらに、非経常的な特別損益や税金費用を加減した当期純利益までを計画していく。

これに対して、投資予算は企業が本業に投資する設備予算と、余剰資産の運用に関わる投融資予算に分けられる。設備予算は製造業の機械装置やサービス業の店舗展開など、本業の収益力向上に長期

図表4－2　予算の体系図

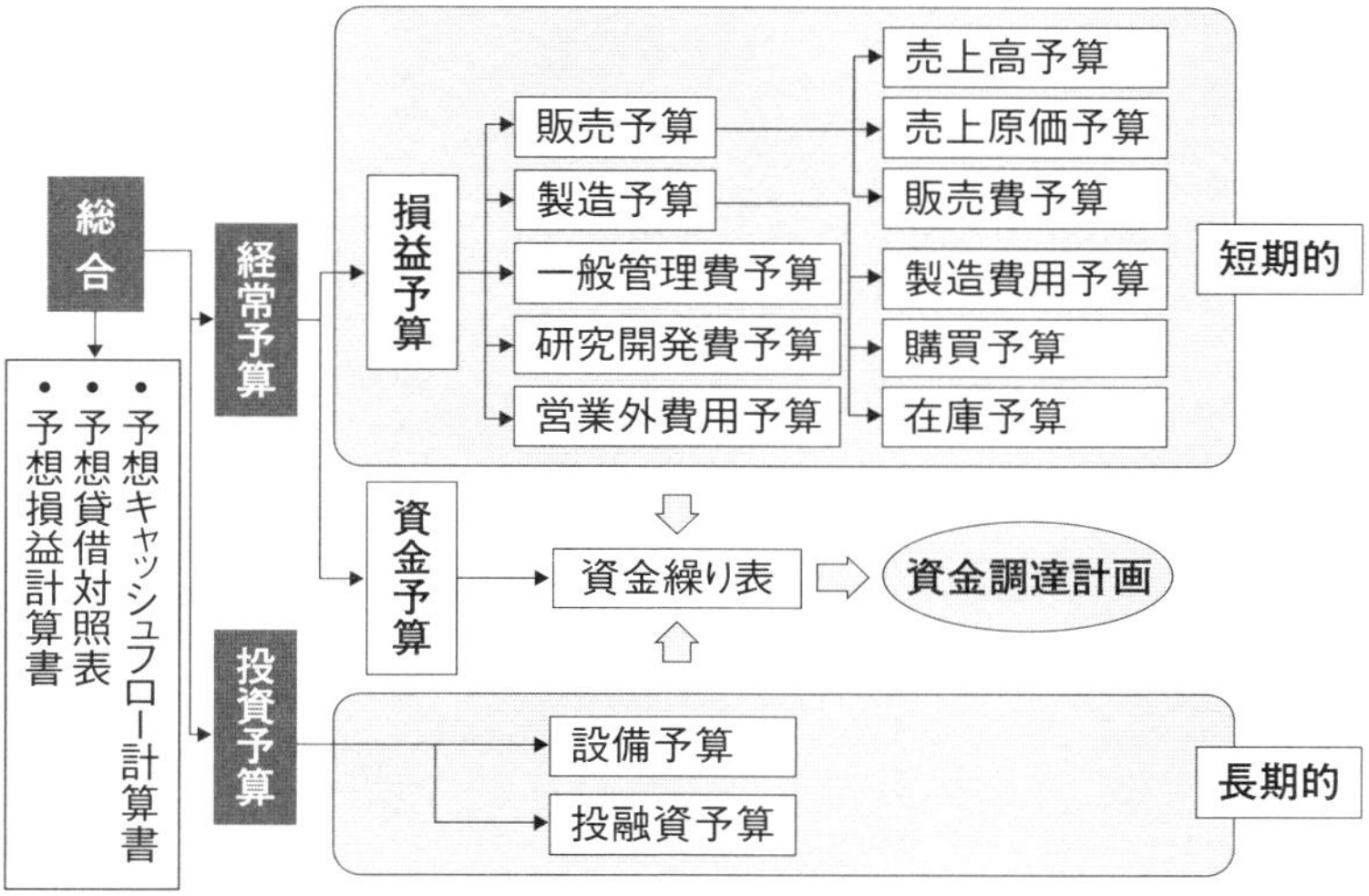

的に貢献するような投資であり、通常は貸借対照表に固定資産として計上され、減価償却を通じて費用化していく。投融資予算は余剰資金の運用であるから、有価証券や貸付金といった金融商品に投資されるものである。

通常は損益予算で見込まれたキャッシュインを元手に、設備投資を行うことが健全な資金の流れであるが、損益予算と投資予算をすり合わせた結果、資金に不足するようだと外部から資金を調達してこなければならない。通常、損益予算は単年度であるが、投資予算は複数年計画である。そして、損益計算や投資予算を総合して、単年度ごとの予想貸借対照表、予想損益計算書、予想キャッシュフロー計算書を作成することが理想的である。予想損益計算書は企業利益と直結しているので、ほとんどの会社で作成されているが、予想貸借対照表は、経営管理が不得意な会社では策定していないことが多い。

これは予想貸借対照表は、売上債権の回収期間や固定資産の減価償却など、さまざまな前提条件を設けないと仕上がらないためである。ここでも常日頃から、売上債権や在庫のあるべき金額を考えているかがモノをいう。資金調達計画は数年先を見越して行うものであり、銀行借入れにおいては損益計算書だけでなく、貸借対照表の内容が与信枠の決定に大きな影響を及ぼす。このため、中長期的に円滑な資金調達のためにも将来の貸借対照表の形を予想しながら進むことは、説明責任（Accountability）を果たす上で重要である。

この予算の策定方法にはいくつかの方法がある。経営陣がトップダウンで包括的・独断的に決定する「割当型」、現場担当者の参加により組み上げる「参加型」、両者を組み合わせた「折衷型」である。「割当型」は、中長期的目標を策定する経営者が予算の策定を行うので、中期経営計画との整合が図りやすいというメリットがある反面、目標数値ありきで進みやすく、現場が認識している経営情報が汲み上げられず、達成不可能な予算が割り当てられてしまうおそれがある。

これに対して「参加型」は、現場担当者が予算策定に参加することで、モチベーションの向上につながるし、日頃、意識している業務改善のヒントなどを議論する場となりやすい。ただし、あまり現場の自由に任せると、責任を回避する心理から、予算が確実に達成できる保守的な範囲にとどまり、挑戦的な予算設定になりにくいのも事実である。

両者の「折衷型」は、最終な目標数値を経営者が示しながら、その具体的な達成方法や予算の割り振りを現場と共有する。このため予算の策定に時間は要するが、仕上がれば経営者と現場が相互理解

図表４－３　予算の策定方法

種　類	内　容	メリット	デメリット
割当型	経営陣がトップダウンで包括的・独断的に予算を割り当てて決定する方法	✓会社の中期的な数値目標と予算の内容が一致する	✓現場の意見が無視され、達成不可能なノルマのように現場が捉えてしまう
参加型	予算達成の責任を負う現場担当者が、ボトムアップで予算編成に参加し、それをまとめて作成する方法	✓仕事にやりがいを持たせ、達成意欲の動機付けに有効 ✓現場担当者が考える改善策等をアピールする場となり革新が生まれやすい	✓中長期的な会社目標と乖離した甘い予算設定になるおそれがある
折衷型	トップが具体的な目標数字を示し、それを達成するために、現場担当者と協議の上で積上予算の編成を行い、当初の目標数値に近づけていく方法	✓トップと現場担当者のコミュニケーションが図られ、双方の考えを理解した上で、建設的な意見形成の場となりやすい	✓予算の策定に際し、経営陣と現場担当者との間のコミュニケーションが不可欠であるため、相当な時間を要する

の上で策定した納得感の高い内容になる。

予算が達成される可能性では、通常、「参加型予算」→「折衷型」→「割当型」の順で低くなる。「参加型」はいうまでもなく、実際に売上を稼ぐ現場の意見を最大限に聞き入れているため、達成の蓋然性は高い。逆に「割当型」は、会社によっては、上から目標数値が落ちてくるだけで、何の説明もなされないこともある。トップダウンの「割当型」の場合、経営者がその目標数値の持つ意味や達成方法について、社員に基本的方向性や事業戦略の説明を行うことが不可欠である。さもなければ現場はその本質を理解できず、目標達成に向けた推進力は低下する。多くの会社は予算策定にこの「割当型」

を採用していながら、社内への必要な説明を欠いている。経営者が独断で数値目標を定めておきながら、その達成に向けた方法論を示さないのだから、大抵の場合、予算は未達成に終わる。予算で売上目標を掲げても、それをどのように達成すべきかは、経営者と現場が試行錯誤して考えることである。「なんとしても」売上目標を達成するという現場の強いモチベーションを引き出せなければ、予算達成は実現しない。現場にとってあまりに厳しすぎる予算目標は、経営陣の「現場感覚のなさ」を露呈することになり、現場は反発するか、早々に予算達成をあきらめてしまう。こうなると組織の行動力は低下し、予算未達が常態化する原因となるから、予算の負荷設定には慎重な配慮が必要である。

私は目標数値をトップが示し、その策定のプロセスで経営者と現場のコミュニケーションを内包している「折衷型」が、最良の策定方法であると考えている。予算策定の過程で何より重要なことは、現場が目標数値の重要性を認識し、何とか達成しようとするマインドセットである。このためには、経営者も現場の意見を聞き、得心できるところは聞き入れて、目標数値を調整しなければならない。そして、目標達成に向けた具体的施策について双方が議論を交わすことが、予算を達成するために大切なプロセスであり、後々大きな意味を持つ。これには予算の策定に相当な時間を費やし、ＣＥＯやＣＦＯが多大な手間をとられるというデメリットも指摘されるが、そもそも会社の予算策定に経営者が相当な時間を費やすのは当然であり、本質的な意味ではデメリットともいえない。特に予算管理を預かるＣＦＯは予算策定に真っ向から取り組む覚悟が必要である。

予算管理プロセスと差異分析

予算を適正に設定し、それを運用していくためには予算の運用サイクルをまわしていく必要がある。それは予算管理といわれ、その運用サイクルは策定（ＰＬＡＮ）、実行（ＤＯ）、差異分析（ＣＨＥＣＫ）、改善（ＡＣＴＩＯＮ）のフェーズに分かれる。

予算の策定は、早い会社であれば予算期間が開始する5カ月程度前にはスタートしている。その時点までの経営成績や財政状態をもとに、各部門における売上目標から発生経費、設備投資予算を組み上げて、中期経営計画との整合を図っていく。「折衷型」では、予算の第一次案が現場に下ろされ、各事業部からフィードバックされる意見を参考にしながら、幾度かの調整の上、最終的に取締役会で機関決定される。

会計期間が開始すると予算に基づき、各部門で計画された諸施策を実施していく。具体的には目標売上を追いかけ、予算で承認された範囲で投資や経費の支出を行い、与えられた経営資源を最大限に活かして予算達成に向けた経営活動が展開される。

そして、実績が集計されてきたら、月次で予算と実績の内容を比較（予実対比という）し、どのような理由で予算を達成できたか、あるいは、できなかったかの要因をできるかぎり緻密に分析していく。当初の仮説や予定した経営環境に変化が生じた場合は、諸施策を見直して状況の変化に対応しなければならない。

このように月次予算、四半期予算、年度予算を策定し、会計期間を通じてその結果を差異分析する

図表４－４　予算運用のサイクル

フェーズ	アクション	時　期
策定（PLAN）	予算の目標を示し、それをどのように達成するのか。売上目標の部門間の割り振りや経費構造、目標利益を明確に設定する	予算期間の３カ月前
実行（DO）	各部門で予算策定時に描かれた諸施策を実施し、経営資源を最大限に活用して、予算達成に向けた活動を実行していく	予算期間
差異分析（CHECK）	月次で予算と実績の差異を比較し、差異分析の上、仮説を再検証し、問題点の特定を行う	予算期間後 月次・四半期・年度
改善（ACTION）	問題点の解決に向けた改善案のフィードバックを予算に織り込む	同　上

運用サイクルは、一般的にいわれるPlan→Do→Check→Actionのサイクルであり、それは予算策定段階の仮説を検証し、予算達成のための行動計画を常に最適化することが目的である。

予算対象期間が開始すると、いよいよ企業活動の成果が実績として明らかとなる。この予算と実績の比較分析は、月次で行われ、仮説の検証、新たな経営事象の認識、改善案の策定につながる重要な情報である。取締役会でも予算実績の報告を受けて、議論百出、今後の経営方針を左右する白熱した議論が繰り広げられる。

さて、この予実分析の段階になると、どれほど丁寧に予算を策定していたかが明らかになる。すなわち、「なんとなく」「希望的に」予算の売上目標などを決めていると、実績との差異分析をしようにも遅々として進まない。なぜなら、論理的な分析や根拠があって、売上目標を立てたわけではないから、予算未達の場合も仮説を再検証して、差異の原因を特定することができない。経営管理のよくできた会社は、予算策定に際して、事業部別、販売エリア別、得意先別、製品別、

図表4－5　予算差異分析の着眼点

売　上	費　用
1．事業部門別の予実対比	1．費目別の予実対比と差異分析
2．製品別の予実対比	2．コスト構造（売上高比）の分析
3．販売エリア別の予実対比	3．変動費と固定費の比率検証
4．得意先別の予実対比	4．損益分岐点の予測
5．販売数量・販売単価の予実対比	

販売数量・販売単価別に売上目標を積み上げている。これなら実績との差異分析は取り組みやすい。なぜなら、実績の売上が予算未達であっても、どの事業部門が、どの販売エリアで、どこの得意先に対して、どの製品が、どの程度販売価格が下落したために、目標売上に達していないのか、原因を細分化して特定することができるからである。さらにCVP分析を使って、費用を固定費と変動費に分解していれば、残された時間で損益分岐点までいくら売上が必要なのか、コストをいくら削減しなければならないかを予測できる。

予算の計画と実績が乖離している原因を具体的に特定できれば、仮説の再検証や新たな経営事象の発生など、これから対処すべき課題が浮かび上がり、改善策の道筋が立てやすい。これが予算の策定が雑なために「全社や事業部門レベルでは売上未達です」というドンブリ勘定では、問題点の特定ができない。問題点がわからなければ、当然、改善策も出てこない。結果的に、予算未達に対する改善策を早期に打ち出すことができず、予算自体の意義が乏しくなる。

このように予算制度はどの程度、具体的な仮説や現実的な数値目標に従って、きめ細かく策定されたか、企業としてどこまで誠実に数値と向き合ったかによって、後の差異分析が大きな影響を受ける。真剣に取り組んで、中期経営計画を達成するための道標とするか、適当に済ませて道に迷うか。企業における予算制度の存在意義は、企業自身に委ねられている。

予算で成果を上げるために

このように予算制度は会計数値を使ってＰＤＣＡサイクルを回し、組織が置かれた経営環境にキャッチアップするツールである。これを最大限に活用し、予算で成果を上げるためにはいくつかの重要な条件がある。

第一に、丁寧な予算制度の作り込みである。先にも述べたが、企業の実状や目的に応じて、独自の予算制度を丁寧に作り込んでいくことが重要である。予算制度は管理会計の中核を成す部分であり、各社の経営方針や事業環境によって、その出来上がりには独自の経営ノウハウが凝縮されている。

例えば、予算は事業部門の採算性評価や事業部長の業績評価など、さまざまな意思決定に活用される基礎となる。したがって、売上、経費、投資の部門間の割り振りや本社費の配賦基準、社内金利、業績評価の指標など、予算制度の決まりごとが公平で、納得しうる基準でなければ、本当の意味で組織の中に受け入れられない。

配賦基準や社内金利において、不公平感や不透明感を抱かれていると、予算を達成しようというモチベーションが現場に湧き上がってこない。組織の成員が予算達成のモチベーションを持つには、予算制度に対する基本的な信頼がなければならず、それには制度の丁寧な作り込みが不可欠である。特に本社配賦や業績評価指標などは、事業部や事業部長の評価に直結するだけに、明確かつ公正なルールの運用が必要である。

加えて、予算策定や実績集計にあたって、役割分担や報告期限、報告先の決定も予算制度の一部である。予算の策定における本社と事業部が果たす役割や、実績の報告義務者、報告先、報告期限などがルール化されなければ予算制度は機能しない。

予算制度というのは、人間の体でいえば、体の隅々にまで張り巡らされた神経である。手足の指先から頭脳へ情報が滞りなく伝えられ、また頭脳からの指示が自然に手足にまで伝わるように、無理のない設計が必要である。

そして、予算が企業に根付くためには、予算への理解と啓蒙が何より必要である。当たり前であるが、経営者から部門・課の現場担当者に至るまで、企業経営における予算制度の重要性を理解し、皆で実現していこうという社風の醸成がなければ予算は形骸化してしまう。

予算と聞けば、背筋がピンと伸びるような、何か大きな課題に取り組むよい緊張感のようなものを社員が抱くようでなければならない。そのためには、とりわけ経営トップの予算達成に対するコミットメントは大きな意味を持つ。並々ならぬ決意をもって、経営陣が予算達成を必達目標としなければ、会社に予算を尊ぶ気風が生まれず、予算の未達が常態化する。それはもはや、経営陣が経営を掌握できていないことを意味している。

ＣＶＰ分析と変動費・固定費

予算制度と合わせて活用することで、より緻密な収益管理を可能にする手法にＣＶＰ分析がある。ＣＶＰ分析とはCost（費用）、Volume（売上・操業度）、Profit（利益）の関係を、費用を固定費と変動費に分解し、一定の売上高の下、目標利益を達成するために必要な情報を提供するものである。

予算の差異分析において、売上が目標数値に届かない場合、また、コストが予算を超過して発生している場合、結果的には計画段階の予算の見積もりが甘かったことになる。そうなると、残された会計期間でいくら売上の積上げが可能か。それが損益分岐点に届かない場合は、いくらコストを削減しなければならないか。トップライン（売上目標）の引下げと、コストの削減はワンセットである。売上が不足する中で、赤字を回避するにはコストをいくら削減すればよいのか。

一概にコストといっても、売上との関係でその発生の態様はさまざまである。すなわち、売上高が増加しても変わらない固定的なコストもあれば、売上高に応じて比例的に増加するコストもある。この売上高に対するコスト発生の属性を一定の基準で分類し、損益がちょうどゼロになる売上高を予測することを損益分岐点分析という。

一度、会計年度が始まれば、現場レベルで短期的に取りうる施策は限定されてくる。事業分野の選別や大型の設備投資は、より上位の階層ですでに意思決定されており、現場ではその基本方針に沿って、与えられた経営資源を有効に活用し、年間の予算達成を目指すことになる。ただし、同じ費用を支出する場合でも、操業度に応じて比例的に課金される変動費的な契約にするのか、売上高に関係な

図表4－6　費用の分類

費　目	原価発生の態様	例　　示
変動費	売上の増減に合わせて比例的に増減する原価	材料費、成果給賃金、運搬費、燃料費
準変動費	売上がゼロの時にも一定額発生し、売上の増加に合わせて比例的に増加する原価	基本使用料がある通信費、ガス料金など
固定費	売上の変化にかかわらず変化しない原価	減価償却費、賃借料、保険料、固定資産税
準固定費	一定範囲内の売上では固定的であり、これを超過すると増加し、また一定範囲内で固定化する原価	工場の廃棄物処理、電力量など

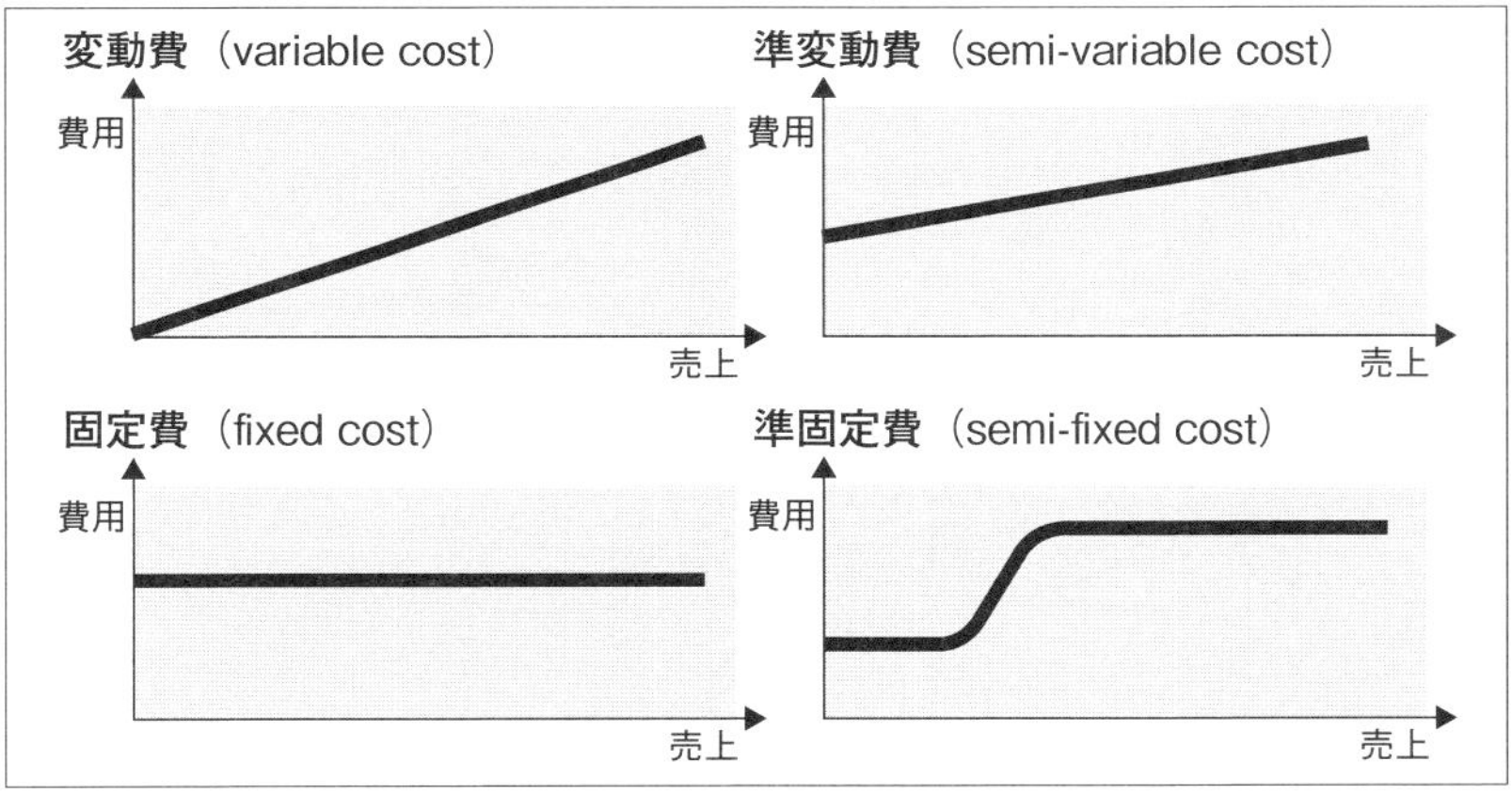

く一定額が発生する固定的な契約とするのか、という契約内容や取引業者の選定は現場に委ねられている。売上の見込みに応じて、費用構造を固定費中心で進めるのか、変動費中心で進めるのかを判断してコスト構造を組成すれば、同じ売上高でも収益を大きくし、あるいは損失を最小限に抑えることが可能である。

損益分岐点分析を行うには、最初に費用を変動費と固定費に分解しなければならない。通常は売上原価や販売費及び一般管理費といった営業費用までを固変分解の対象とする。

変動費とは、売上や操業度に応じて比例的に発生するコストであり、直接材料費や成果給賃金、運搬費などがこれにあたる。これに対して、売上や操業度の変化に関わりなく発生するコストに固定費がある。固定費は理論的には、売上がゼロでも発生し、また、売上が倍になっても同額発生するコストである。例えば、建物の減価償却費や賃借料、保険料などである。また、変動費に似た発生態様を示すコストに準変動費がある。これは売上がゼロでも一定額は発生し、さらに売上の増加に合わせて比例的に発生していくコストであり、使用がゼロでも基本料金が発生する通信費や工場の水道光熱費などがこれにあたる。準固定費は一定の範囲内の売上では固定的であるが、売上がある範囲を超過すると一定額増加し、その範囲内でまたしばらく固定化するようなコストである。

損益分岐点分析の最初のステップは、各コストを費用の発生態様に応じて正確に分類することである。

損益分岐図表と限界利益

損益分岐図表とは、売上高（Volume）が変化するにつれて、費用（Cost）と利益（Profit）がどのように推移するかを示した図表である。

図表４－７の損益分岐図表は、横軸が売上高や操業度など企業の活動量（Volume）を示しており、縦軸が収益や費用の金額を表している。総費用線は固定費と変動費の合計であり、ゼロからスタート

図表４－７　損益分岐点図表

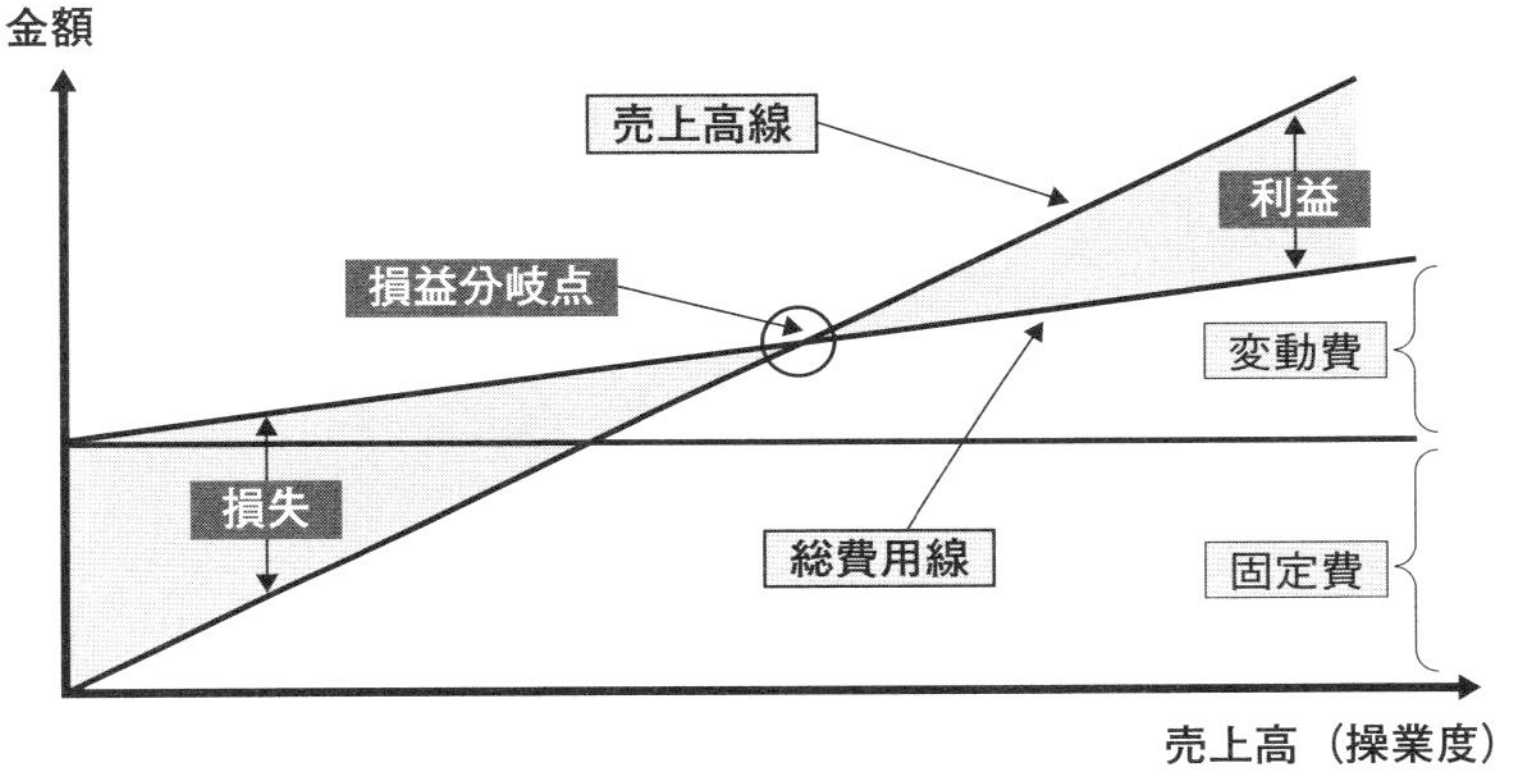

した売上高線と総費用線の交差する点が、損益分岐点（Break Even Point）となる。損益分岐点より上は、売上高線が総費用線を上回る部分が利益となり、逆に損益分岐点より下で、総費用線が総売上高線を上回っている部分は損失を示している。

このとき、利益と売上、費用との間に以下の等式が成り立つ。

（1）　利益＝売上高－変動費－固定費

（2）　売上高－変動費＝限界利益

損益分析点分析では売上高から変動費を差し引いたものを限界利益（Marginal Profit）といい、この限界利益から固定費を差し引いた残額が利益である。

（3）　限界利益－固定費＝利益

その結果、損益分岐点の売上高は次のように求められる。

(4) 損益分岐点売上高＝固定費÷限界利益率

一定の目標利益がある場合、その目標利益を獲得するための目標売上高は、次のように求められる。

(5) 目標売上高＝(固定費＋目標利益)÷限界利益率

損益分岐点分析では、実際の売上高が損益分岐点を上回るほど、余裕があって安全という考え方をする。その安全度を指標化したものが安全余裕率である。売上高が損益分岐点を超過するほど、安全余裕率は高い数値となる。

(6) 安全余裕率＝(実際売上高－損益分岐点売上高)÷実際売上高×１００

費用構造の最適化

どのような経営の局面で、変動費あるいは固定費主体の経費構造が適しているかという議論がある。

図表４－８　費用構造と損益の関係

○固定費主体の費用構造

売上が上振れする時は利益が拡大するが、逆に落ち込む際にも損失は大きい

◇変動費主体の費用構造

売上が上振れする時は利益が薄く、逆に落ち込む際にも損失は限られる

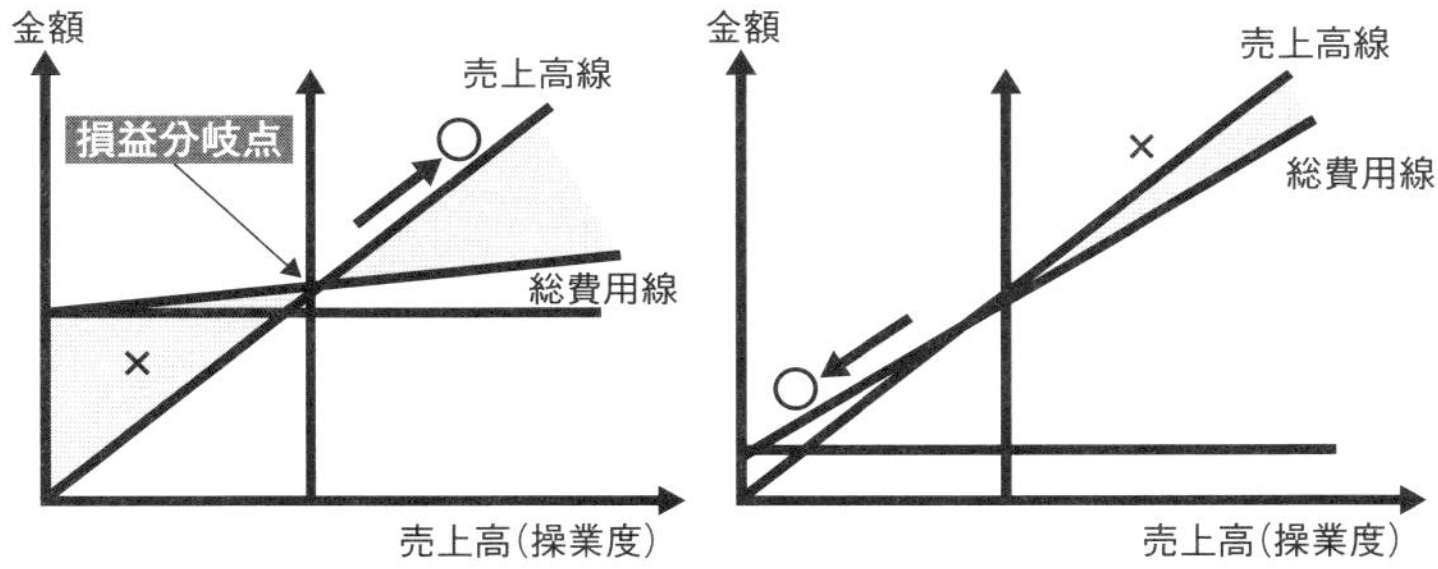

図表４－８に示すように、固定費中心の費用構造は、売上増加が見込まれる局面に適している。売上が増加しても費用が売上に比例して増加しないため、費用構造を固定費化することで利益幅を伸ばすことが可能である。逆に損益分岐点を下回って、売上減少が予測される状況では、固定費中心の費用構造では損失も多額となる。このような場合、変動費中心の費用構造で臨めば、売上の減少に伴って、費用も比例的に減少するから、損失の発生を極小化することが可能である。理論的にはすべての経費を変動費化してしまえば、限界利益が発生する限り、売上高がゼロでもコストが発生しないため、赤字にはならない。

そういう意味で、固定費中心の費用構造は、売上の増減に対して、利益の振れ幅（ボラティリティ）が大きくなるハイリスク・ハイリターンの構造といえるし、変動費中心では環境変化のリスクをコントロールする代わりに、売上伸長時にも利益が限定されるローリスク・ローリターンの構造となる。

CVP分析のケーススタディ

ここで3つの事業を傘下に持つX社をケーススタディにして、CVP分析の応用を見てみる。

X社は車載用レーダー、感知器センサー、受信機と3つの事業を営んでいるが、感知器センサーが営業赤字に陥っている。3事業ごとの経費構造を変動費と固定費に分解し、売上高から限界利益、営業利益までを示したものが**図表4－9**である。

車載用レーダーはX社の主力事業で限界利益率が60％を超えている。製造や販売における固定的な人件費等を差し引いても、研究開発費控除前で2425百万円の営業利益を稼いでいるが、未だ製品ライフサイクルの成長期にあり、競争力を維持するための研究開発費の支出が多額である。その結果、研究開発費を控除した後の営業利益は714百万円である。固定費を一定とすると、損益分岐点売上高は7876百万円であり、現状の損益分岐点を1180百万円超過している。現状の売上を維持すれば、固定費が714百万円増加しても黒字を維持できる。このような経費構造は、市場の成長期にある事業で、一定の競争力を維持していることを意味している。競合他社が敗走し、残存者利益を獲得できるかが今後の業績を左右する。

これに対して、感知器センサーは材料費率が高く、限界利益率が44・5％と低迷している。しかも固定的な人件費と研究開発費が多額に上っており、784百万円の営業赤字を計上している。損益分岐点に達するには1763百万円の追加売上が必要であり、これは現状売上の42％増である。あるいは売上の伸長が見込めないのであれば、固定費を784百万円削減しなければ営業黒字にはならない。

図表４－９　Ｘ社の事業別CVP分析

（単位：百万円）

費目／セグメント		車載用レーダー	売上比	感知器センサー	売上比	受信機	売上比	本社共通	３事業計	売上比
売上高		9,056		4,160		3,105			16,321	100.0%
変動費									0	
	材料費	3,100	34.2%	2,059	49.5%	1,333	42.9%		6,492	39.8%
	販売費他	477	5.3%	250	6.0%	134	4.3%		861	5.3%
	変動費計	3,577	39.5%	2,309	55.5%	1,467	47.2%		7,353	45.1%
限界利益									0	0.0%
	限界利益	5,479	60.5%	1,851	44.5%	1,638	52.8%		8,968	54.9%
固定費									0	0.0%
製造	人件費	1,214	13.4%	651	15.6%	46	1.5%		1,911	11.7%
	減価償却費	1,317	14.5%	874	21.0%	191	6.2%		2,382	14.6%
	その他経費	294	3.3%	178	4.3%	61	2.0%		534	3.3%
販売	人件費	57	0.6%	82	2.0%	25	0.8%		164	1.0%
	減価償却費	68	0.8%	76	1.8%	33	1.1%		177	1.1%
	その他経費	104	1.1%	100	2.4%	11	0.4%		215	1.3%
管理	人件費							181	181	1.1%
	減価償却費							45	45	0.3%
	その他経費							23	23	0.1%
	固定費計	3,054	33.7%	1,961	47.2%	367	11.8%	249	5,632	34.5%
営業利益（研究開発費控除前）		2,425	26.8%	▲ 110	▲2.7%	1,271	40.9%	▲ 249	3,336	20.4%
研究開発費（固定費）		1,711	18.9%	674	16.2%	303	9.8%		2,688	16.5%
営業利益		714	7.9%	▲784	▲18.9%	968	31.2%		897	5.5%
損益分岐点売上高			7,876		5,923		1,270			15,141
損益分岐点との売上差			1,180		▲1,763		1,835			1,180
安全余裕率			115%		70%		244%			108%
固定費コストダウン必要額			▲714		784		▲968			▲648

成長期で善戦中

成長市場で負けが濃厚

成熟期で勝ち組

このような経費構造は、市場が成長期にある市場で、研究開発費や人件費の投入の割に売上が伸びず、競争力が低い「負け組事業」の典型的な経費構造である。

また受信機事業は、3事業の中で最も売上が低いが、限界利益率が52・8％と高く、何よりも研究開発費や人件費が低額に抑えられ、営業利益では968百万円と最も全体利益に貢献している。これは市場が成熟した中で、勝ち残りを果たし、研究開発費や人件費の投資的費用が不要となったため、その成果（キャッシュ）を刈り取っている段階である。

このように費用構造を固定費・変動費に分解して、限界利益率を算定し、損益分岐点や固定費の削減余地を探ることで、事業実態に見合った行動計画を立てることができる。どのように考えても売上高が損益分岐点に届く見込みがない事業は、縮小に向かって舵を切るという判断につながることもある。

CVPの限界

損益分岐点分析は、その理論のわかりやすさから企業分析において活用されることも多い。しかし損益分岐点分析は、コスト構造を一定程度単純化した理論であるため、損益分岐点分析の前提条件を満たして初めて有効に活用できるともいえる。この前提条件から大きくかけ離れた条件では、分析結果が真実と異なった方向を示すリスクがあるため、注意が必要である。

第一の前提条件は、費用は正確に固定費と変動費に分解できるという仮定である。損益分岐点分析では、コスト構造を変動費と固定費に分解して、限界利益率などが一定であると仮定して分析を行う。この時、支出費用は正確に変動費と固定費に分解できるという前提に立っており、また、その発生の態様も一定であることを前提としている。このため時間的制約や対象事業の規模によって、コスト構造を固定費や変動費に正確に分類できない場合、その分析の精度が下がってしまう。

第二に、生産数量と販売数量は等しいという仮定に立っており、期首在庫及び期末在庫に著しい変動が生じないという前提がある。ところが実際の製造業の経営においては、生産したがさっぱり売れず、費用は支出したが、売上高が上がらないということはよく起こる。ＣＶＰ分析においては、この在庫という概念を考慮しておらず、製造したものがすべて販売されて、売上高になるという前提に立っている。製造業において、在庫を一切保有しない会社というのは限られているし、期首と期末の在庫量が著しく変動する経営状況ではＣＶＰ分析は慎重に行わねばならない。そういう意味ではＣＶＰ分析は在庫を有さないサービス業に適用しやすいといえる。

バランススコアカードとは何か？

予算管理やＣＶＰ分析によって、企業グループが目指すべき会計上の数値目標を設定し、その数値を見ながら経営判断していくことは当然である。しかし、経理部から上がってきた事業部の売上高や営業利益にいくら難癖をつけても、会計数値を眺めているだけでは何も変わりはしない。経営とは、それらを良化するためにどのような戦略をとっていくかである。会計数値は戦略立案の際に、到達目標や進捗を表す尺度にはなりえるが、それを計算することによって問題が解決に至ることはない。あくまで会計数値は、経営における羅針盤、速度計、燃料計であり、経営判断を行う上で客観的な情報を提供するものである。大切なことは、その客観的な指標を読み取って、どのような行動を起こすかにある。会計とは戦略立案に活用されて初めて、その価値が高まる。会計によって現在地と目標点を測定するという行為と、何をすればその目標点に到達できるかは別の議論である。

会計的な到達目標を達成するために現場が何をなすべきか。経営目標を現場の行動計画に展開していく手法に、バランススコアカードがある。

バランススコアカード（以下、ＢＳＣ）は、１９９０年代初頭に、ハーバード大学ビジネススクールの管理会計学者であるロバート・Ｓ・キャプランと経営コンサルタントであったデビット・Ｐ・ノートンが考案したもので、企業が掲げる会計的な財務数値目標に対して、会社がどのような戦略によってそれを達成しようとしているか、その戦略立案能力を評価しようとした。

ＢＳＣは、企業が掲げる「財務的視点」を戦略立案の起点に置きながら、それを「顧客の視点」→「社内ビジネスプロセスの視点」→「学習と教育の視点」と因果関係を追って次々に視点を展開していく。

仮にＲＯＡ10％という「財務的指標」を掲げた場合、それを達成するためには、顧客にどのような満足を与えるべきかという「顧客の視点」が重要である。なぜなら、売上高利益率や投資回転率といった財務的数値の向上は、一義的には顧客満足が高まることでなしうるものだからである。そこで

図表4－10　BSCの4つの指標

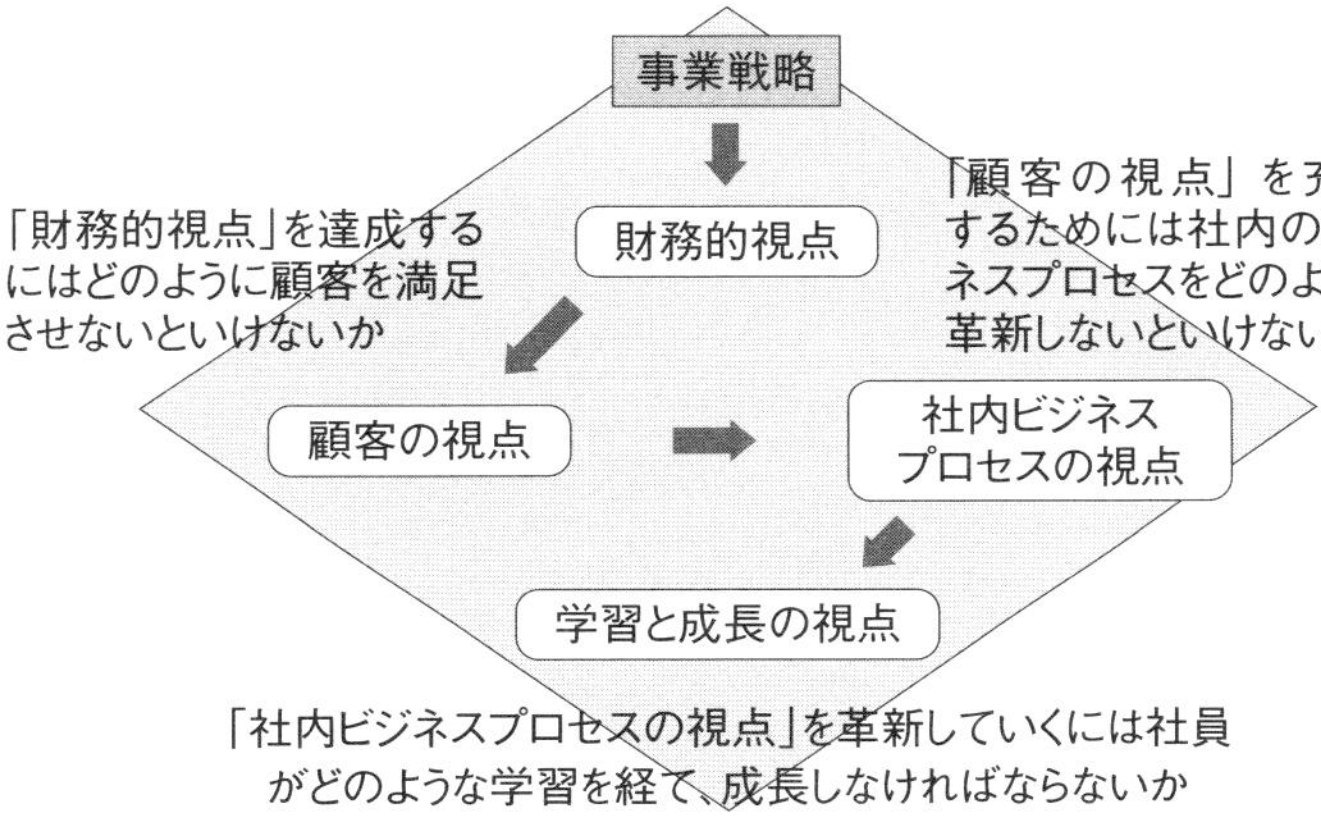

「顧客の視点」のレベルを計るために、例えば「新規顧客獲得数」や「顧客満足度」という定量的に評価できる業績評価指標（ＫＰＩ＝Key Performance Indicator）を定め、それらを達成することによって、上位概念であるＲＯＡ10％が達成できると考える。

さらに「顧客の視点」のレベルを高めるには、会社がどのように「社内ビジネスプロセス」を改善するべきかという次の視点に展開される。なぜなら顧客満足度を高めようとするならば、現状のままの業務プロセスを続けていては、その改善は期待できない。ここでは顧客の満足度を高めるために、会社の業務プロセスをどのように改善すべきかについて仮説を立て、それを計る業績評価指標（ＫＰＩ）とその目標数値を設定する。

そして最終的に、「社内ビジネスプロセスの視点」で掲げた業績評価指標（ＫＰＩ）を達成するには、社員が何を学び成長するべきかという「学習と成長の視点」に辿りつく。これは「社内ビジネスプロセスの視点」で掲げた目標を達成するのは、最終的には社員であり、社員の学習や成長が業務プロセスの改善を可能にするからである。

経営者が中期経営計画で掲げたＲＯＡ10％を達成するために、「業界でのシェアを上げろ」とか「経営を効率化しろ」と言っても、社員は何をどこから始めてよいかわからないものである。

この点、ＢＳＣは経営目標を達成するために、会社が「なすべきこと」を、大きく「財務的視点」、「顧客の視点」、「社内ビジネスプロセスの視点」、「学習と教育の視点」という4つの視点に分解し、各々に業績評価指標を設定して数値管理する。そして最終的に会社が掲げる「財務的視点」を達成するには、組織の誰が、何から、どのように着手すべきか、という行動計画を策定し、現場に見えるようにした。

キャプランとノートンがＢＳＣを提唱した背景として、１９８０年代のアメリカで主流であった企業の業績評価手法の弊害がある。当時は投資効率を短期的に重視する傾向が顕著であり、その結果、アメリカの製造業は投資に消極的となり、多くの産業で競争力が大きく損なわれ、リストラが吹き荒れた時期であった。

彼らはそのような財務的指標のみで企業の業績評価を正しく行えるのか、という問題意識を持ち、ＲＯＡに代表される財務的数値を示すことは大切だが、それだけで企業の業績評価を決めるべきではない、重要なのは企業がどのようにしてそこに辿り着こうとしているか、その経営戦略のクオリティを評価することだと考えたのである。

これには先進国の多くの市場が成熟期を迎え、消費者のニーズが多様化し、従来の少品種大量生産から、多品種少量生産に移行したことも大きく関係している。すなわち、従前のような生産効率重視の縦型軍隊組織では、組織も人も硬直的となってイノベーションを期待できない。消費者ニーズの多様化に応えるべく組織にイノベーションを起こすには、セクションの壁を低くし、社員を巻き込んで自由闊達に新製品や新しいサービスの在り方を議論する必要があった。そうであれば企業の業績評価も、財務数値一辺倒ではなく、どのようにそこに辿り着くかという、戦略の道すじ（戦略マップ）を評価すべきと考えたのである。

この点、ＢＳＣは、財務的目標を第一の経営目標としながらも、その会計的領域から飛び出して、顧客の視点やビジネスプロセス、ひいては社員の成長の方法まで思考を広げ、現場のアクションプランを具体的に示していくため、新しい時代の業績評価指標として迎えられた。

戦略マップ

ＢＳＣでは、事業戦略を４つの指標に展開し、それぞれに戦略目標を立てて業績評価指標とその数値目標を定めたものを、「戦略マップ」と呼ぶ。**図表４－11**は戦略マップの一例である。

ここで「財務の視点」として、ＲＯＡ10％という戦略目標を掲げた場合、それは「高付加価値製品への投資」と「営業利益率６％」の両方の達成によって到達できると仮説を立てた。高付加価値製品への投資を測定する業績評価指標（以下、ＫＰＩ）として、投資のハードルレートを採用し、目標数

図表４－11　戦略マップ

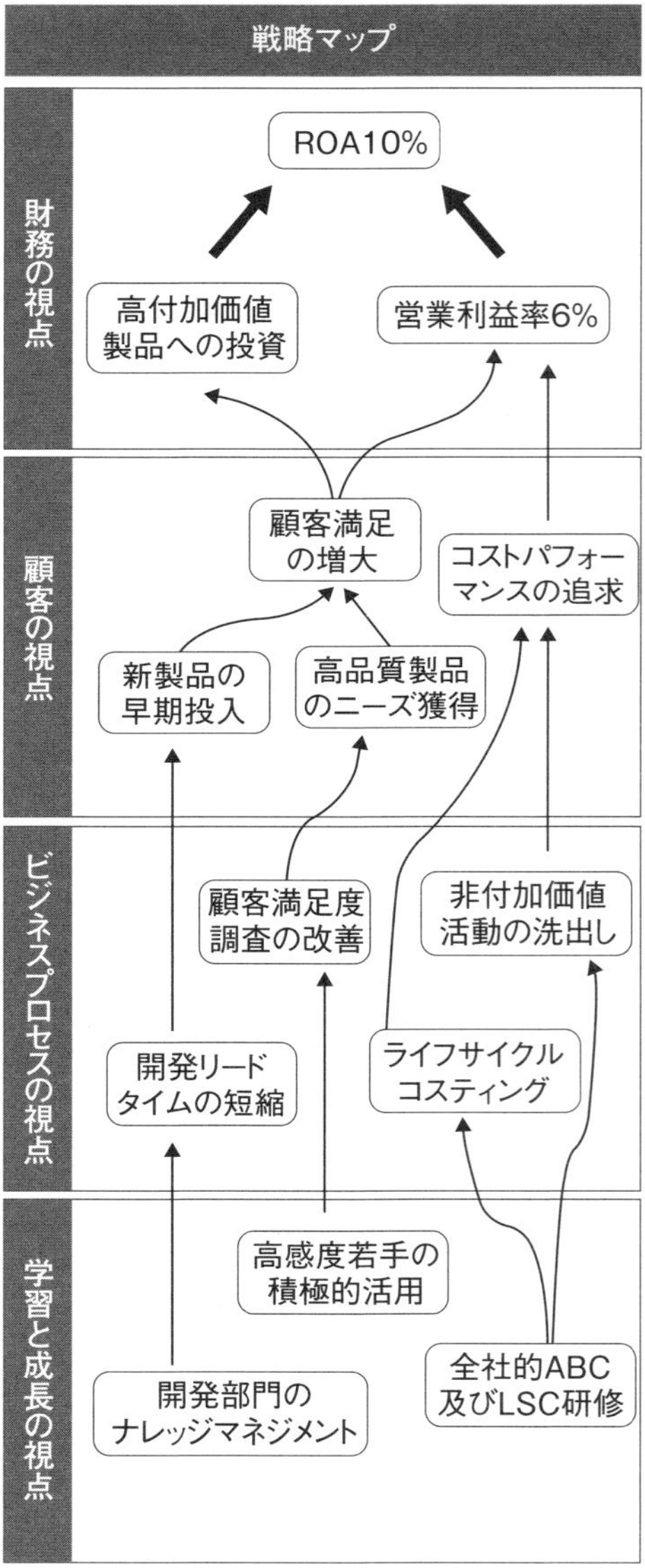

戦略目標	KPI	目標
ROA10%	ROA	10%
営業利益率6%	営業利益率	6%
高付加価値製品への投資	投資ハードルレート	8%
顧客満足の増大	新規顧客獲得数	100人/月
新製品の早期投入	新製品モデル数	5M/年
高品質製品のニーズ獲得	平均売価	5千円/個
コストパフォーマンスの追求	標準原価	5%削減
開発リードタイムの短縮	開発リードタイム	6M/年
顧客満足度調査の改善	有効件数アップ	60%達成
非付加価値活動の洗出し	活動検討会議	2回/月
ライフサイクルコスティング	販売後5年のコスト	売価の5%
開発部門のナレッジマネジメント	開発提案件数	20件/月
高感度若手の積極的活用	マーケティングチーム平均年齢	40歳未満
全社的ABC及びLSC研修	研修回数	全員5回

値を８％とする。

そして、この２つのＫＰＩ（投資のハードルレートと営業利益率）を押し上げるため、「顧客の視点」では顧客満足の増大を大目標に、「新製品の早期投入」や「高品質製品のニーズ獲得」などを戦略目標とする。「新製品の早期投入」を測定するＫＰＩには、新製品のモデル数を重視し、年間５モデルの上市を数値目標とする。一方で、「高品質製品のニーズ獲得」の観点は、標準売価をＫＰＩとして１個当たり５０００円以上を数値目標とする。

さらに「内部ビジネスプロセスの視点」では、「開発リードタイムの短縮」や「顧客満足度調査の改善」などを戦略目標として、ＫＰＩと目標数値を設定していく。こうして「財務の視点」から、「学習と成長の視点」に至るまで、戦略目標とＫＰＩ、数値目標によって行動計画を定め、戦略の可視化を図るのである。

この戦略マップによって、何のために（戦略目標）、どの指標を（ＫＰＩ）、どの程度（数値目標）改善しなければいけないか、またそれが、どのように上位の戦略目標につながるかが、一目でわかるようになる。

バランススコアカードの特徴

ＢＳＣは財務的指標という会計数値を最終目標としながら、因果関係を追って、それを４つの視点に展開している。従来の日本企業でも、中期経営計画などで財務的目標数値は発表されるが、それを達成するための戦略の中身や進捗の程度については不明瞭であり、戦略の質を評価することは困難であった。この点、ＢＳＣでは、企業が考える各視点の戦略目標やＫＰＩが明らかになるため、最終目標を達成するまでの考え方や多面的な戦略評価が可能となる。

またＢＳＣは、社員のモチベーションの向上につながる。以前は企業グループとしての到達目標が示されることはあっても、その達成に向けて社員の一人ひとりが、何をなすべきかという行動計画にまで展開されることはなかった。漠然と「目標達成を目指そう」と言われるより、「全社目標達成のために、あなたはこの数値目標を達成してください」と言われるほうが、個人の行動目標が明確で取り組みやすいのである。加えて、戦略マップが組織内でも共有されることにより、個人指標を達成することが、どのように最終目標の実現につながるかという仕組みが明示され、社員の全体意識やモチベーション向上が期待できる。

ただし、ＢＳＣは一度作成すれば長期にわたって同じものが通用するわけではない。それは企業を取り巻く環境が変化する中で、最終目標を達成するための戦略マップの構成も刻一刻と変化するためである。すなわち、戦略マップで構築した４つの指標間の因果関係は、ある一定時期に有効なものであって、その後、経営環境が変化すれば有効性を失ってしまう。このため環境変化に対応して常に戦略目標を見直すことがＢＳＣを有効に保つ前提となる。戦略マップの因果関係を有効に機能させるために、ＰＤＣＡ（Plan-Do-Check-Action）サイクルを循環させ、継続的に因果関係を検証していくプロセスが必須なのである。

本章のまとめ

経営者が本社の戦略要員に指示して、適当な中期経営計画を策定するのはたやすいことである。そこには会社の現状の問題点や、解決すべき課題に対する行動計画がなく、どのように3年後の理想に近づくかが示されていない。

真に難しいのは、会社の現状を的確に理解した上で、その延長線上に会社の魅力ある姿を描くことであり、それは社内外に対して説得力のある、中味の伴った行動計画である。そのため中期経営計画を単年度ごとの数値目標たる「予算」にうまく落とし込むことは、避けて通ることができないプロセスといえる。予算という共通のものさしで、会社の「いま」を計り、従業員と共有しながら、少しずつ「会社のなりたい希望の姿」に近づいていく。その中で短期的な費用構造の分析手法としてＣＶＰ分析を活用したり、ＢＳＣといったツールを使いこなすことで、予算や中期経営計画を現場の行動計画に直結させて、会計と経営戦略を結ぶことができる。

実務ノート 4

見ざる、聞かざる。

私がある会社の財務担当取締役に調査報告をした時のことである。その取締役は調査報告書を凝視して注意深く話を聞いていた。そしてひと通りの報告が終わると、しばらく報告書を眺めていたが、思い切ったように顔を上げて、私にこう言ったのである。

「やはりそうですか。しかし、これは僕が知らないことにしておいたほうがいいでしょう。この件はあなたの中におさめておいてください」と。

私はこれまで結構な数の調査報告を行ってきたが、面と向かって調査報告書の受取りを拒否されたのは、後にも先にもこの一回である。

その調査報告の内容は、企業グループ内の子会社を対象に財政状態の精査を行い、資産の含み損や簿外負債をすべて累計して、実態の連結貸借対照表を洗い出したものであった。結論は当時、連結貸借対照表に計上していた純資産の4分の1はすでに毀損しているという内容である。たしかに厳しい内容であることは間違いないが、手の施しようがないというほど末期ではない。たいていは「ではどこから手をつけましょうか」と経営改善の話につながるものである。

これまでも営業担当の取締役や開発担当役員が、会計的視点からの警告に取り合わないことはあった。ただし、それは会計的な専門知識の欠如に起因するもので、それほど根は深くはない。「ではあなたが株主や銀行に説明しますか？」と言えば、たいていは下を向いて黙ってしまう。ところが今回は、管理部門のトップである財務担当取締役が事態を承知した上であえて、「見ざる、聞かざる」をしてしまったのである。

その報告書はそれまで約３カ月を費やし、対象会社の子会社、一社一社の決算書を検証して、ようやく作り上げたものだった。調査の最中、子会社の役員の中に「あなたはこの問題に触れないほうがよい」と正面から忠告してくれた人が何人かいた。私はその忠告を聞き流していた。当たり前である。そのような意見にいちいち同意していたら仕事にならないし、私のような外部の人間に調べられて明らかになるような話ならば、早晩、社内に知れ渡る。なるべく早く、この経営実態を然るべき人間に伝えて、含み損の処理に取りかからなければ、それこそ手遅れになってしまう。悪い現状を認識する、そこから問題解決のプロセスはスタートすると信じていたからであり、その考えは今でも変わらない。だからこそ、情報提供を拒む子会社との間に軋轢を生みながらも、調査報告書を完成させたのである。今から思えば、そう簡単に調査報告をお蔵入りされてはかなわないという気持ちもあったと思う。

しかしである。ことの結末から判断すれば、子会社の役員が私に行った忠告は一面、正しかったと認めざるをえない。なぜなら、私が登っていた梯子を外したのは、調査対象会社の財務担当取締役で、本件調査を依頼したその人なのだから。彼らの意見を傾聴し、よりよい成果、少なくとも「調査報告書の受取拒否」以外の結末を導くことはできなかったのか。私はいったい何を見過ごしたのだろうか？

不採算事業の再生にあたって、最も時間がかかるのは、対象会社の経営実態を把握することである。調査依頼を受けて対象会社に赴き、どこが悪いのか、と聞いて、会社がすぐに答えられるようならば、外部に調査を依頼することはない。彼らが外部の公認会計士やコンサルタントに貸借対照表や戦略評価を依頼するのは、自分たちで評価する機能を社内に欠いているからである。このように会社が社内に経営管理機能を有さない場合、そこに至るには二つのパターンがある。

一つは、会社の成長に時間的・金銭的制約から経営管理体制の構築が追いつかず、気がつけば社内の管理機能がオーバーフローしているパターンである。これは営業や開発中心の会社に多く見られ、経営者の管理機能に対する意識が低い会社に多い。管理部門の人員を雇うくらいなら営業を一人でも増やしたいと考えており、会社の規模に比べて管理人材が相対的に不足しているのである。

もう一つは、経営管理機能を一定は有しているが、その情報が自分たちに都合が悪いため、徐々に事実を見ようとしなくなったパターンである。経営者が真実を見なくなると部下もこれを敏感に察知して、具合の悪い情報は上に報告しないようになる。理由は簡単で、そのほうが部下も楽だからである。今回のように都合の悪い情報を黙殺するような経営者だと、問題解決がなかなかスタートせず、時間ばかりをロスしていく。この場合は現場に行ってヒアリングを行えば、情報がないわけではない。ただ、本社がまじめに解決する気がないことを知っているから、無意味に出したくないだけである。いま思えば、子会社の役員は明らかにそのシグナルを出していた。これは経営者が過度に経営責任の追及を恐れて、現状に向き合えないパターンであり、サラリーマン経営者や同族の跡継ぎ社長などに多い。

そう考えると、「私は知らないほうがよいでしょう」と言った財務担当取締役は、メインバンクから出向してきた銀行出身の役員であった。思うところあって、不良資産の存在を確かめたのだろうが、その実態を知って自分には手に負えないと考えたのか。自分が銀行に戻るまでは、安泰に任期を務めたかっただけなのかもしれない。ただ、私は本当の理由はそれだけではないような気がするのである。というのは、それまでの彼とのやり取りでは、彼はそこまで自分本位な人間ではなかったし、責任感も相応に備わっていた。

私は、彼が前任の財務担当取締役のことをおもんばかったのではないか、と感じている。自分と同様にメインバンクから出向していた先代、先々代の財務担当取締役のことである。仮に自分が先頭に立って含み損の損失処理を進めれば、「なぜ今なのだ」という批判が必ず起こり、これに説明責任を果たさなければならない。前任の取締役が把握していたのであれば、忠実義務違反で前任者にも経営責任が及ぶおそれがある。メインバンクから出向している行員は、やはり銀行の本店を向いて仕事をしており、その組織の連帯感は極めて強固である。その彼らに本店にいる先輩の責任を追及せよというのは、銀行や先輩に対する反逆にほかならない。これは歴史のある事業会社でも同様のことがいえる。

これまでの会計不正を振り返れば、カネボウの粉飾にしても、東芝の不適切会計にしても、過去から何代もの経営者が不正に組織的な関与をしてきた。問題が表面化した時の取締役は、決まって不正行為は歴代引き継がれてきたと発言している。

私がその時の調査で見逃していたもの、それは伝統ある組織の連帯感、身内意識であり、彼が見失っていたもの、それは経営責任の重さなのかもしれない。

5

意思決定会計と不確実性

会社の経営は意思決定の連続である。その判断の適否は企業業績として、いずれ決算書で明らかとなる。会社が意思決定を致命的に誤ってキャッシュの流出が続けば、いずれ企業継続の道が閉ざされる。会社の意思決定の難しさは、不確実性の中で経営判断を迫られることである。その経営判断が「なんとなく」では組織内の意見を集約・統一できないし、判断根拠が曖昧な意思決定が好業績につながることはない。多くの人間が存在する組織において、合理的で説得力のある意思決定を行うには、会計的指標をもって議論に客観性を持たせることが大切である。

組織の意思決定

企業の売上や利益、マーケットシェアなどの成果は、すべて会社の意思決定の結果である。会社は達成すべき経営目標を定め、そのために何をなすべきかを意思決定し、行動した結果が経営成績となって表れる。人が何か目的を達成しようとすれば、強い意思と行動力を持たないとなしえないのと同じように、会社の持続的成長にも組織の強い意思決定と行動力が求められる。

ただし人と違うのは、会社は法人であり、現実的には異なる意思や思考プロセスを持った人間の集まりで営まれている。よく会社を擬人化して、「うちの会社の考えていることは…」などと言うが、会社の意思決定は本質的に、自然人の意思決定よりはるかに複雑で矛盾をはらんでいる。会社では、ある案件について社長は推進派だが、副社長は不賛成ということがよくある。そのように組織に派閥が形成されると、同じ課題に対して、異なる指示が現場に下りてくることになる。これは自然人では起こりえない現象である。

たくさんの人間が働く会社という組織。この多くの人間の意思を一つにまとめて、一丸となって行動していくことはなかなか難しい。私的な利害が衝突して、個人の利益を大切にするあまり、結局は会社の不利益となるような意思決定がしばしば起こる。近年の日本企業の平均寿命を見れば約23年（東京商工リサーチ調べ）と人間の平均寿命の3分の1に及ばない。組織の中に多くの人間の考え方を抱えながら、最終的に一つの意思決定に辿り着かなければならないことが、会社の意思決定の難しさである。

本章で取り扱う意思決定会計では、会社への経済的利益を比較衡量して代替案の取捨選択を行う。さまざまな人間の思惑が交錯する会社にあって、会計という共通のものさしで代替案の是非を問うことは、会社経営にとっての最適案を見出すための大切な指針となる。

優れた判断とは？

意思決定における「優れた判断」とは、本質的に何を意味しているのであろうか。教科書的に答えれば、当期純利益や企業価値の向上につながる意思決定ということになろうが、それは結果から見た判断でしかなく、いささか後出しジャンケンのような答えである。意思決定までのプロセスをもって、「今回は満足いく判断ができたな」と自信を持って言える意思決定とはどういうものか。

私はそのような意思決定とは、突き詰めれば、⑴代替案の正確な比較を経て、⑵将来の不確実性に備えた判断であると考えている。

⑴　代替案の正確な比較

これは一つの意思決定に関して、どれほど多くの代替案を俎上に載せて検討し、その中から正しく最適案を選択しているかということである。

新規事業や工場設備への投資、不採算事業の再編、人件費の削減など、経営に重大な影響を及ぼす意思決定においては、多数の代替案を幅広く列挙し、その中から最適なものを選択しなければならない。

例えば設備投資の意思決定は、メーカーの取締役会ではおなじみの議案である。大体の議論は、いま会社が保有する工場設備の拡張がありきで話が進んでいる。しかし、製品の供給量を増加させるための選択肢はそれ以外にも数多くある。日本国内での生産がコスト競争力に乏しければ、人件費の安い国外に工場を立ち上げることもある。また、事業環境の変化に伴うリスクを低減すべきであれば、さらに踏み込んで生産そのものを外部委託し、ファブレス化することが望ましいかもしれない。まずは、「自社の設備投資ありき」という固定観念を捨てて、柔軟に代替案を掘り起こす姿勢が選択肢の幅を広げることにつながる。

企業の意思決定には目的があり、それを達成するためにとりうる手段には制約がある。それは過去に行った投資であったり、資金の上限であったり、人材であったり、時間である。しかし、その制約も時間の経過とともに徐々に変化していく。これまでは製品の自社生産が当たり前の条件であっても、企業を取り巻く経営環境が変われば、新たな選択肢をとりうる場合や、新たな選択肢を取らねばならない時がある。両者の違いは経営環境が変化するスピードによる。経営環境に適応した意思決定をしている会社は、決してその選択肢の変化を見逃したり、取りこぼしたりはしない。ここでは固定観念を捨てて幅広く選択できるカードを掘り起こす、普段の情報収集活動がものをいう。

(2) 将来の不確実性に備えた判断

企業経営においては、現状、集められるすべての情報を駆使して、代替案の検討を行ったとしても、翌日に新たな事象が発生し，今日の意思決定の妥当性が覆る潜在的リスクは必ず存在する。将来どのような事象が起こるかは誰にも予見できない。この将来何が起こるか予測不可能という不確実性のリスクは，企業経営にとって避けて通ることができないもので，仮に，確実な経営判断に要する要素が10あるとして，10の要素すべてが明らかになるまで意思決定を待っていては，競合に後れをとって，利益稼得のチャンスを逃してしまう。

また逆に，現状，何の情報や仮説もなく意思決定するのは，ギャンブルにすぎず，勝率は時の運である。これも企業経営とは異なる。経営の意思決定とは，ざっくりいえば10ある要素のうち，３～５が明らかになった時点で，残りの要素を最善尽くして予想し，将来事象に対するいくつかの仮説を立てた上で経営判断を行い，不確実性のリスクに備えることである。

そうすれば，意思決定の後，不確実性の顕在化に応じて迅速な対応が可能となる。仮に楽観的な予測しかなければ，想定外の事態を社内で共有することにまず，時間がかかる。他人の投資の失敗など，指摘しても恨まれるだけだから，通常は誰もやりたがらない。投資を引っ張った当の本人も，少し立ち上がりが遅いだけで，そのうち予定通りに売上が上がると信じたい。そうこうしているうちに，投資は手がつけられない事態にまで悪化し，誰の目から見ても当初計画と大きく乖離していることが明らかとなる。こうした初動の遅れが後々，企業価値を大きく損ねる結末を招くのである。

そういう意味で，企業が行う意思決定は当然に不確実性を伴うという認識の上で，それに向き合う経営姿勢が必要である。

図表５－１　業務的意思決定と戦略的意思決定

種　類	期　間	具体的内容	重要検討課題
戦略的意思決定	長期的	✓設備投資の経済性計算	将来キャッシュフローの見積もりや資本コスト
業務的意思決定	短期的	✓自製か購入かの意思決定 ✓受注可否の意思決定 ✓最適セールスミックスの決定	代替案の検討のため、差額原価（あるいは埋没原価や機会原価）

意思決定会計

意思決定会計では、企業が意思決定を行うにあたって、代替案の検討や不確実性への対処を考慮し、会計的な数値の裏付けを重視する。そのフィールドは、「戦略的意思決定」と「業務的意思決定」に大別される。

「戦略的意思決定」とは、期間が長期にわたり、金額が多額に上るような設備投資において、その投資の経済的合理性を判断するものである。ここでは初期投資額の算定と、その投資の成果として、新たに生み出される将来のキャッシュフローを予測し、資本コストや税金負担などを考慮に入れながら、投資の現在価値や収益率、回収期間といった情報をもとに投資の適否を判断する。

また「業務的意思決定」とは、現在の経営資源を所与として、その最適な配分を決定するために行われる。すなわち企業は設備や人材など限られた資源の中で、経営を営んでいるが、企業価値を高めるには、保有する経営資源を最大限有効に活用することが求められる。その活用のパターンは「代替案」という形で検討され、業務的意思決定は、この代替案を比較し、最も合理的な案を選別するための手法である。そこでは代替案の優劣を判断するために、差額原価・収益分析が重要となり、機会原価や埋没原価といった、財務会計ではあまり馴染みのない特殊原価概念が使われる。

経営において，意思決定会計を利用する階層の区分でいえば，戦略的意思決定は，設備投資の経済性計算であるので，大規模投資は企業グループを預かるコーポレート（本社機能）の経営者に提供される。これは巨額の設備投資は，多くの投資案の情報が集まるコーポレートで行われる全社戦略であり，事業ポートフォリオの最適化とも関連するためである。一方で，中小規模の設備投資の場合は，事業を預かる事業部長の判断に使われる。

これに対して，業務的意思決定は与えられた経営資源の有効活用が目的であるから，個々の事業単位ごとに市場と製品の範囲を特定し，事業目的を達成する方針を立案するものである。したがって，現場で事業戦略を預かる事業部長に活用されるのが効果的である。

戦略的意思決定は，より長期にわたる将来見込みを考慮する必要があるため，その主眼は不確実性への対処に置かれており，他方，業務的意思決定は，現状保有する経営資源をいかに活用するかの検討であるため，代替案の優劣比較が重要な争点となる。

(1)　業務的意思決定

業務的意思決定は，企業がすでに保有する経営資源を所与として，その最も有効な活用方法を決めるものである。このため複数ある代替案の中から最適案を選び出すために，代替案の間で差額となる収益・原価の分析が必要となる。具体的には，①部品を自製するか，外注するか，②新規受注を受けるべきか，③どの製品を販売すれば利益が最大化するか（最適セールスミックス）などの意思決定に使われる。

意思決定会計では、財務会計とは異なる収益費用の計算をする点に特徴がある。例えば、部品を自製するか、外注するか、といった場合、それぞれの代替案ですべての収益や原価を見積もることも可能である。しかしここでは、代替案の優劣を判定することが目的なので、自製案と外注案で差異が発生する部分だけを比較すればよい。これを差額原価・収益分析という。すなわち、自製でも外注でも販売されれば、収益の金額は同額である。その場合、この収益は差額分析の対象とはならない。また現在は、部品を自製しており、外注への切替えを検討する場合、過去に購入した製造設備の減価償却費は外注に変えても発生する。製造に携わる人員も外注に切り替えた際に削減できなければ、外注案でも発生することに変わりはない。したがって、これらの費用は差額原価とならない。

これに対して、部品を外注すれば、自製する場合に必要であった製造費用が削減できる場合がある。例えば、材料費や光熱費などの製造費用は、自製をやめれば発生しないため、差額原価として計算の対象となる。差額原価と固定費・変動費との関係でいえば、一般的に自製か外注かの意思決定や受注可否の意思決定において、変動費は差額原価となり、固定費は削減が見込めなければ埋没原価となることが多い。しかしこれは、ケースに応じて慎重な検討が必要である。

(2) 特殊原価概念

財務会計における原価と管理会計における原価は概念が異なる。意思決定会計において頻繁に用いられる原価概念を説明する。

①　支出原価と未来原価

意思決定会計で考慮する原価は、通常の財務会計で使われる原価概念と異なる。大きな違いは、原価の発生する時期と金額の測定方法である。財務諸表に計上される資産や負債、損益計算書の各損益項目は、会計期間に企業が実際に支出したり、収入として実現したものであり、すでに発生した過去の支出原価や収入である。このため、その金額の裏付けとして、請求書や領収書、契約書などの現物証憑が存在し、実際的な金額によって測定されている。

これに対して、意思決定会計で考慮する原価とは、将来に発生するであろう見込みの原価であり、未だ発生していない未来の原価である。そういう意味で、何ら客観的な証跡を伴わず、多くの仮説や前提の上に測定されている。その場合、ある代替案を採用した場合に発生する支出について、前提条件や業者の見積もりなどを考慮しながら、未来の発生額を予測していくことになる。この原価発生の時制が、財務会計と管理会計における原価概念の違いである。

②　差額原価・収益分析

意思決定会計における代替案分析において重要となる原価概念に、差額原価・収益がある。意思決定会計における原価分析の最終的な目的は、代替案の優劣を比較し、最適案を決定することにある。そのためには、代替案の間で差異が生じる原価・収益だけを比較すればよく、いずれの代替案を採用しても同じく発生する原価は比較する必要がない。このようにある代替案を採用する場合に、他の代替案と比べて、差額の発生する原価・収益だけを把握・集計して比較する手法を差額原価・収益分析という。代替案の優劣を比較するためには、それぞれの代替案で発生する見込みの原価・収益をすべ

図表５−２　差額原価・収益分析

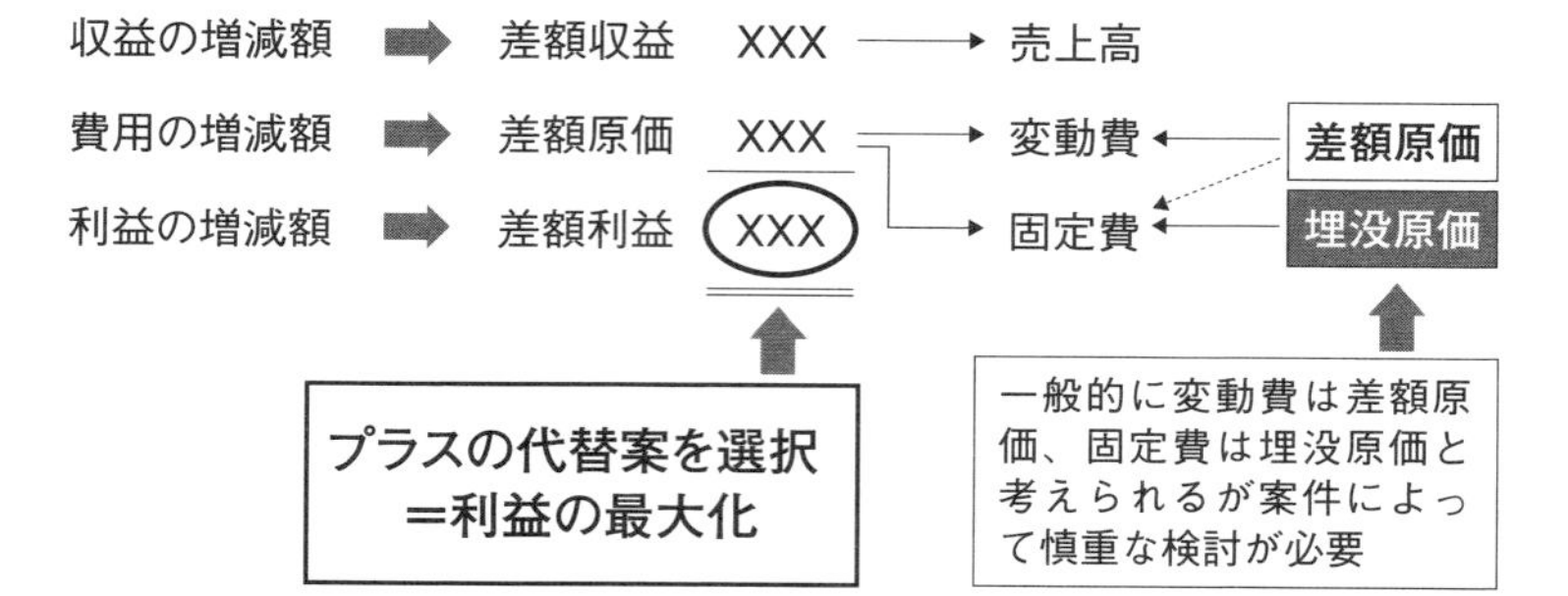

て拾い上げて集計することも可能である。しかし、比較検討する代替案の数が多数になってくると、すべての代替案について、すべての発生原価を見積もることは非常に煩雑である。そうであれば、代替案のうち、差額が発生する部分だけを取り上げて比較することで、代替案の優劣を判定でき、かつ、作業の省力化が図れる。これに対して、いずれの代替案を採用しても発生する原価は、無関連原価といわれ、差額原価の反対概念である。

③　埋没原価と機会原価

意思決定会計において頻繁に使われる原価概念に、埋没原価と機会原価がある。

埋没原価とは、代替案の選択にあたって、どの代替案を採用しても発生するため、考慮する必要のない原価をいい、無関連原価の一形態である。先に述べたように、部品を自製するか、外注するかの意思決定にあたって、すでに購入している機械設備の減価償却費は、部品を自製から外注に変えても、機械設備を除却しない限り発生し続ける。そうであれば、意思決定にあたり、部品を自製しても外注しても、いずれにしても発生する減価償却費は埋没原価となり、意思決定に影響を及ぼすことはない。

また機会原価とは、複数ある代替案のうち、一つを選択した結果、断念された他の代替案を選択していたとすれば、得られたであろう最大利益のことをいう。

例えば、適正な在庫を100個と意思決定したが、実際に120個の受注が舞い込んだ。在庫は100個しか用意していないので、受注のうち20個については販売することができない。この時、仮に在庫を120個用意していたら得られたであろう、20個分の逸失利益が機会原価（損失）である。

ケーススタディ～自製か外注かの意思決定～

これまで自製していた製品を外注すべきか否かの意思決定をケーススタディで考えてみる（**図表5-3**）。

ここでは何が差額原価で、何が無関連原価であるかの精査が重要である。

① 製品Aだけを見れば、部品を外注した時のコストは900であり、自製した時の総製造コスト1060を下回っている。

② しかし総製造コストの内、減価償却費320と人件費40は製品Aの生産を止めても発生する。なぜなら生産を停止しても設備と製造人員は減少せず、そのコストは製品Bが負担することになるからである。つまり減価償却費と人件費は埋没原価ということである。

③ ただし、将来的に人員のリストラが可能である場合には、リストラコスト（割増退職金等）と節約できる人件費は差額原価となる。つまり固定費＝埋没原価というわけではなく、あくまで代

図表５－３　ケーススタディ

～自製か外注かの意思決定～

Ａ工業は製品Ａ・Ｂの製造販売を行っている。同社では赤字の製品Ａの製造を止め、製品Ａの製造を社外に外注することを検討している。製品Ａ・Ｂのコスト構造は以下のとおりである。製品Ａを外注した場合のコストが900であった場合、自社製造から外注に切り替える意思決定は正しいだろうか？　ただし、製品Ａ及びＢの製造設備と製造人員は共通であり、製品Ａの生産を止めても設備の廃棄・リストラはすぐには行えないものとする。

項　目	製品A	製品B	合　計
売上高	1,000	1,500	2,500
材料費	700	800	1,500
減価償却費	320	480	800
人件費	40	60	100
利益	▲60	160	100

自社で製造したら▲60の赤字。これを外注すると
1,000－900＝100と儲かり、全社的にも得ではないか!?

外注すると

項　目	製品A	製品B	合　計		差　額
売上高	1,000	1,500	2,500		
外注費	900				
減価償却費				＝	
人件費					
利益					

解　答

項　目	製品A	製品B	合　計		差　額
売上高	1,000	1,500	2,500		－
外注費	900	800	1,700		▲200
減価償却費	－	800	800	＝	－
人件費	－	100	100		－
利益	100	▲200	▲100		▲200

答え　：　外注する判断は全社として正しくない

替案に差額が発生するかどうかが重要である。

ボトルネックを知る

業務的意思決定の本質的な論点は、自製から外注に変えた場合に、何のコストを削減できるか、また、新規受注を引き受けた場合、追加でいくらのコストが発生するか、という計算に尽きる。それは言い換えれば、新たな意思決定を下した場合に、現状と比較して代替案の収益費用構造がどのように変化するかを正確に見積もることである。それには各費目ごとに、生産量が拡大した場合や縮小した場合、それぞれいくらの支出増減となるかの情報を蓄積しておくことである。

例えば工場の生産能力に関して、どの工程がボトルネック（最も操業度が高い工程）になっているかを把握しておくことは重要である。いま製薬業における錠剤の製造工程を前提に話をすれば、現状の生産量における各工程の操業度が**図表５－４**のような状況であったとする。現状比10％追加の受注が舞い込んだ場合、10％の新規受注によって新たに発生する差額原価はいくらになるだろうか。10％増産に対する材料費や工員の人件費は変動費として差額原価を構成する。また各工程の操業度を見れば、打錠工程はすでに１００％の操業度に達しているから、追加の設備投資を行うか、生産を外部に委託しなければ、追加受注をこなすことはできないため差額原価となる。

しかし、それ以外の造粒工程、包装工程、検品工程に関しては、現状の操業度がそれぞれ70％、80％、50％である。よって10％の追加生産を受け入れたとしても、余剰生産能力の範囲内で対応可能

図表5－4　ボトルネックの考え方

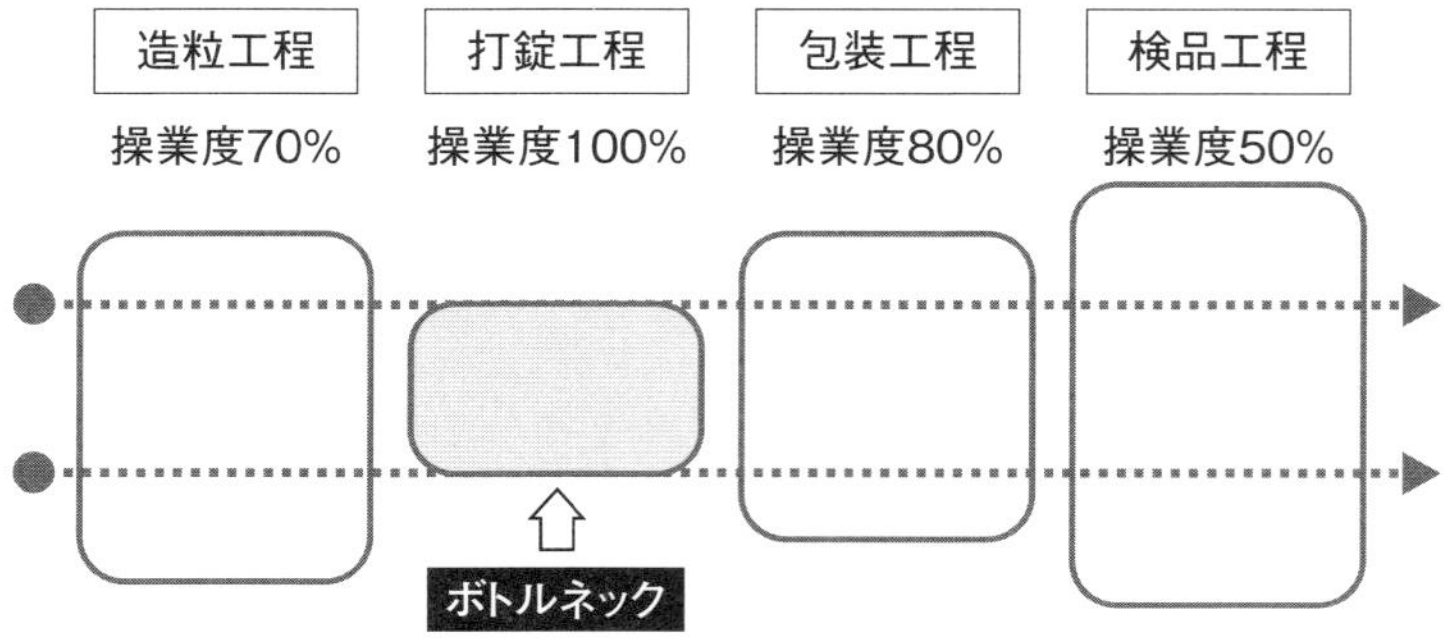

であり、追加の設備投資は必要がない。したがって、設備投資の追加費用は、受注可否の意思決定において考慮する必要のない埋没原価である。

このように固定費と変動費を正確に把握し、工程間の操業度を把握していれば、何が差額原価であり、埋没原価であるかの試算が正確となり、意思決定会計に有用な判断材料を提供することができる。会社がよく犯す過ちは、10%増産のコスト見積もりを行う際に、現状の製品1個当たりの実際製造原価をもとに大雑把な原価の予測をしてしまい、コストの感度分析を誤ることである。それは費用が固定費か変動費かの区別をせず、工程間のボトルネックや余剰生産能力を把握していないため、現状の実際原価をもとに見積もり計算を行うしかなく、結果的に受注可否の判断を間違ってしまうのである。製造業が一定の規模になれば、すべての設備が100%の操業度で稼働しているということはない。操業度に余剰がある工程の減価償却費は差額原価ではなく、埋没原価である。注意すべきは、操業度が100%に達している工程（設備）がある場合、当該設備に対する増産対応費用が差額原価として、意思決定に影響を及ぼすことである。

このように現有の経営資源の中で，何がボトルネック（操業度の限界点）となるのか。製品の供給量を増加させるには，このボトルネックを太くするしかない。そのために要するコストが差額原価の中心を構成するのである。

戦略的意思決定

戦略的意思決定とは，回収期間が長期にわたる多額の設備投資などにおいて，当該投資の収益性や回収期間を算定し，投資の適否を判断する会計手法である。投資の結果，得られるであろう将来キャッシュフローを現在価値に割り引き，その総額が投資額を上回るか否かを判定する。戦略的意思決定で重要となる要素は，⑴投資の成果を将来のキャッシュフローで見積もり，⑵それを資本コストで現在価値に割り引くという考え方である。

⑴　将来キャッシュフローの見積もり

財務会計において計算される企業利益は，一般に公正妥当と認められた会計基準に従って算出されたものである。これは企業が継続していくことを前提に，収益とそのために費やした費用を同じ会計期間に対応表示させ，その成果である利益を表示することを目的としている。したがって，費用には引当金や評価損など，必ずしもキャッシュアウトを伴わない費用も存在する。しかし設備投資の意思決定においては、通常、投資判定の計算期間は5年程度の中長期である。このため投資判定の経済性計算においては、キャッシュフローを基礎にその投資の適否を判定するほうが、客観性が高く、計算過程も簡便となる。

(2) 資本コストで現在価値に割り引く

中長期的な設備投資では、当期に投資を実行したとしても、その効果が発現し、キャッシュフローが獲得されるのは翌期以降となる。その間、設備投資に要した資金を調達し続けなければならず、資本コストとは、この資金の出し手に支払う調達コストである。投資案では、少なくとも資金の出し手に支払う資本コストを上回る収益率を見込めなければ採算が取れない。このため資本コストは投資案を実行するにあたって、最低限獲得すべきキャッシュのハードルレートともいわれる。この資本コストにはウィリアム・シャープとジョン・リントナーが資本資産評価モデル（CAPM＝Capital Asset Pricing Model）で提唱した、加重平均資本コスト＝WACC（Weighted Average Cost of Capital）が使われることが多い。WACCは、簡単にいえば企業の資金調達に平均してかかるコストを算定するもので、**図表5－5**の数式によって求められる。

これは企業の資金調達は、一般的に株主からの直接金融と銀行など金融機関からの間接金融が混在する。このため両者を分類した上で、それぞれに要した調達コストを加重平均して計算するというものである。

図表5－5のようにWACCは「(1)負債の調達コスト」と「(2)株主資本の調達コスト」の合計であ

図表５－５　WACC（加重平均資本コスト）の計算

$$\mathrm{WACC}=\underbrace{\left\{(1-t)\times\frac{D}{D+E}\times R_d\right\}}_{(1)\ 負債の調達コスト}+\underbrace{\left\{\frac{E}{D+E}\times R_e\right\}}_{(2)\ 株主資本の調達コスト}$$

$$R_e = R_f + \beta \times (R_m - R_f)$$

R_d：有利子負債コスト	t：実効税率
R_e：株主資本コスト	R_f：リスクフリーレート
D：有利子負債	R_m：マーケットの期待収益率
E：株主資本	β：ベータ値

る。「⑴負債の調達コスト」のうち、「Ｒｄ（有利子負債コスト）」とは銀行の借入利率や社債利息である。理解が難しいのは（１－ｔ）の部分である。「ｔ」は法定実効税率であり、負債の調達コストに（１－ｔ）を乗じるのは、銀行の支払利息や社債利息は税法上、損金算入が可能であり、法人税等の節税効果が見込めるためである。これをタックスシールドという。

一方、「⑵株主資本の調達コスト」の「Ｒｅ」は株主資本コストであり、これは「Ｒｆ（リスクフリーレート）」にリスクプレミアムを加えたものである。株主となる投資家は通常、リスクフリー（例えば10年物の国債など）の金融商品よりも高いリターンを求めて、リスク資産に資金を投資する。このリスクプレミアムの部分が平均的なマーケットへの期待収益率「Ｒｍ」とリスクフリーレート「Ｒｆ」の差である。また「β」（ベータ値）とは、ある株式が市場のインデックス（日本でいえば「ＴＯＰＩＸ」）の変動に比べて、どの程度の変動幅（ボラティリティという）で動くかを表しており、「１」超の値であれば、インデックスよりも大きな変動幅で

図表５－６　設備投資の経済性計算

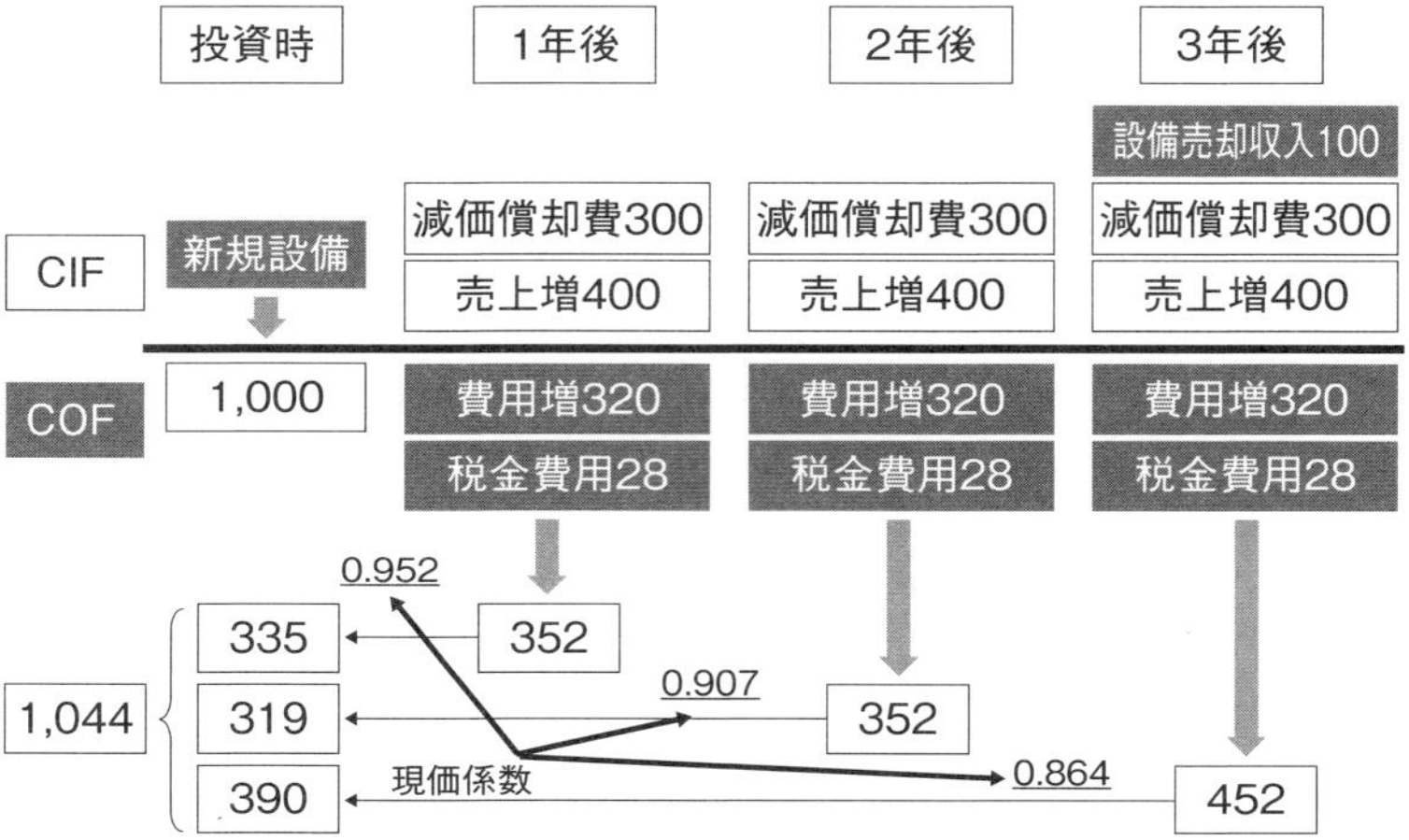

動き、「1」未満であればその反対である。「β値」が高いほど、ハイリスクな投資となり、その分、株主資本の調達コストも高くなる。WACCは「β値」や「Rm（マーケットへの期待収益率）」など、算定方法や期間の考え方によって、値が変わってくるが、およそ5％から10％程度のレンジに落ち着くことが多い。

ケーススタディ～設備投資の経済性計算～

Q社は、新規設備1000百万円の導入を検討している。新規設備は残存価額10％、定額法3年で償却し、3年後には残存価額での売却が可能である。資本コストは5％、法定実効税率は35％とする。

投資時に1000百万円がキャッシュアウトフロー（COF）として支出される。投資後その効果は、1年目から3年目まで、投資による売上（＝

キャッシュインフロー）の増加が毎年４００百万円見込まれる。一方で、当該投資による費用増も同様に毎年３２０百万円見込まれるが、このうち３００百万円は新規設備の減価償却費であるので、実際のキャッシュアウトはない。このため、当該減価償却費を費用のマイナスと考えてキャッシュインフローに加算する。そして、税金費用は28百万円（売上増４００百万円－費用増３２０百万円×35％）のキャッシュアウトフローとなる。３年後には新規設備は残存価格１００百万円（１０００百万円－３００百万円×３年）で売却可能であるから、３年目の設備売却収入として１００百万円を見込んでいる。そして毎年度のキャッシュフローの合計を資本コスト５％で現在価値に割り引いて、キャッシュフローの現在価値合計を計算するのである。その結果、割引現在価値合計は１０４４百万円となる。

なお、現在価値に割り引く際に使われる現価係数とは、次の数式で表される。

$$現価係数 = \frac{1}{(1+r)^n} \quad r = 資本コスト率 \quad n = 年数$$

投資案の割引現在価値が算定できれば、投資の評価方法によってその適否を判断することになる。設備投資の評価方法には、**図表５－７**にまとめたように⑴正味現在価値法、⑵収益性指数法、⑶割引回収期間法、⑷内部利益率法などの手法がある。

⑴正味現在価値法は、投資効果の割引現在価値総額から投資額を差し引き、残額がプラスであれば、

図表5－7　設備投資の評価方法

名　称	方　法	特　徴
(1)正味現在価値法 (NPV:Net Present Value法)	（将来キャッシュフローの割引現在価値合計）－投資額	1．資本コストが考慮されており理論的に妥当な方法である 2．一方、NPVが絶対額で表されるため投資効率が評価できない
(2)収益性指数法	割引現在価値合計÷投資額×100	1．正味現在価値法の投資効率を見たい時に用いる
(3)割引回収期間法	投資金額÷毎年の割引後キャッシュフロー	1．投資額が何年で回収できるかを見る方法であり、直感的にわかりやすい 2．一方、回収期間以後の採算が無視され、本来の投資の収益性はわからない
(4)内部収益率法 (IRR: Internal Rate of Return法)	正味現在価値がゼロとなる（つまり投資額＝毎年CFの割引現在価値合計）となる内部利益率が資本コストを上回る限り採用する	1．資本コストが考慮されており理論的に妥当な方法である 2．一方、収益率で表されるため金額的規模が評価できない

正味現在価値があるため、投資すべきと考える。先ほどのケーススタディでは、割引現在価値の合計が１０４４百万円であり、投資額が１０００百万円であるから正味現在価値は44百万円となる。

(2)収益性指数法は、投資効果の割引現在価値総額を投資額で除し、１００％以上であれば、投資すべきであると考える。正味現在価値法が投資効果の絶対額を示すのに対して、収益性指数法は投資効率を判定するものである。先ほどの事例では、割引現在価値合計１０４４百万円に対して投資額は１０００百万円であるので、収益性指数は１０４・４％になる。

(3)割引回収期間法は、割引後の将来キャッシュフローで考えると、何年で投資が回収できるかという判断基準である。回収期間を年数で示すことで直感的にわかりやすい反面、回収期間後の収益性を考慮していないという盲点もある。先ほどのケーススタディでは、投資回収期間は２・89年になる。

⑷内部利益率法は、将来キャッシュフローを現在価値に割り引く際に、正味現在価値がちょうどゼロになる割引率を計算し、資本コストがその内部利益率よりも低ければ、投資案として合理的という判定手法である。先ほどのケースで見れば、割引率が７・28％であれば、ちょうど、割引現在価値が１０００百万円になり、投資額とイコールになる。よって内部利益率７・28％は、資本コスト５％よりも高いため、投資すべきという判断となる。

このように各方法とも絶対額や投資効率、回収期間など、異なる側面を評価しており、一概にこの方法が万能とはいえない。理論的には長期の意思決定の場合、将来キャッシュフローや資本コストを考慮すべきであるから、この点では正味現在価値法や収益性指数法、内部利益率法が合理的といえる。一方、割引回収期間法も本来の採算性は不明であるが、変化の早いビジネスにおいては早期の投下資本回収を図ることが重要な場合もあり、保守的な経営者の思考には合致する。

不確実性への取り組み

戦略的意思決定における重要な争点は、将来の不確実性にいかに対応するかという点である。特に投資時点における将来キャッシュフローの見積もりは、仮説上の不確実なものである。問題はこの不確実性のリスクを十分に認識していない会社が多いことである。設備投資の議案にしても、投資額の根拠となる将来キャッシュフローの見込みを予想しているが、その想定シナリオはワンパターンで、売上の伸長率などの諸条件が楽観的なことが多い。

投資の成果である将来キャッシュフローは、投資時点では不確実である。販売計画の予測だけでなく、将来の材料価格や為替の動きなど、投資時点では正確に知りうることができない外部要因も数多い。そうであるならば、投資の成果については、楽観的、中立的、悲観的など、複数のパターンにおける将来キャッシュフローを予測し、パターンごとのアクションプランを事前に想定しておくことが、不確実性のリスクをマネジメントすることにつながる。

厄介なのは、将来の不確実性のリスクをまともに議論せず、楽観的なプランを必ず達成するという精神論的アプローチが経営陣にまで及んでいる場合である。現場レベルでのモチベーション維持として、必達目標以外のシナリオを認めないというマネジメント姿勢であろうが、そもそもいくつかの外部要因は現場レベルで作用できる要素ではない。

実際に不確実性のリスクが、会社に不利な形で顕在化しているにもかかわらず、経営層がそれを受け入れず、適切な対処行動が遅れることが非常に多い。事業が末期的な状況になるまで、腫物のように放置されると、対処の遅れから、企業価値を著しく毀損する結果となる。これはもはや不確実性のリスクではなく、経営能力の欠如が損失の拡大を招いているのである。

したがって、投資案件のように将来の不確実性が大きなリスクとして存在する場合は、複数のシナ

図表5－8　投資1年後の想定シナリオと対処行動

想定シナリオ	1年後の事業状況による分類基準	回収期間	認識と対処行動
楽観的	①売上基準 ➡5億円超 かつ ②利益基準 ➡1億円超	3年	1．想定以上に市場の立ち上がりが早く、競争力を発揮している 2．市場成長の見込みや競業との関係を分析し、必要であれば追加投資を検討する
中立的	①売上基準 ➡3億～5億円 かつ ②利益基準 ➡0～1億円	7年	1．投資判断時の想定内の業績推移をしている 2．当初計画通りのアクションプランを実行する
悲観的	①売上基準 ➡3億円未満 又は ②利益基準 ➡赤字	回収見込み立たず	1．投資判断時の想定を大きく下回って業績が推移している 2．当初計画と実績の差異分析を行うプロジェクトチームを設置 3．当初計画のアクションプランを早急に見直し

リオごとに投資の損益予測、回収期間を丹念に見積もり、事前にそのシナリオの分類基準と対処行動まで確認しておくことが重要である。この最大のメリットは、その投資案件が置かれている状況をタイムリーに捉えて分類し、現況に遅れることなく次の手を講じることができる点にある。

日本企業の意思決定

意思決定のレベルを判断する基準として、議論の深度がある。これはどの程度、さまざまな情報を多角的に収集し、多くの仮説や可能性を検討した上で、最終的な結果に至っているか、という会社の議論の深さを意味している。長らく成長を続けるような会社はこの議論の深さに真っ向から取り組んでいる。代表取締役や平取締役の立場は関係なく、販売・製造・管理など各取締役がそれぞれの立場から議論を尽くす風土が出来上がっており、このような会社では取締役会で「なんとなく」議案が通っていくことが少なく、「再検討」や「差し戻し」ということも少なくない。

しかしながら、日本企業の場合、取締役会は最後のセレモニーで、その手前で社内の根回しが終わっていることが大半である。大体は事前に代表取締役から常務取締役といった上級役員だけの会議体に持ち込まれ、上層部の内諾を得ている。そうなると、取締役会の場では今さら平取締役や監査役が反対意見や追加の情報提供を求めにくくなる。事実上、少数の上級役員によって、経営意思決定がなされていくため、十分な議論が尽くされたかどうか定かではない。このような上級役員会は、大抵の場合、議事録も作成されないから、意思決定に至った経緯や判断基準が社内に共有されないままである。こうした意思決定プロセスでは、平取締役は、上級役員の意思決定の姿、すなわち思考プロセスや感情の葛藤、最終判断の勘どころなどを垣間見ることができず、経営能力の養成につながらない。意思決定の精度を高めるには、密室ではなく、取締役会という公式な会議体でしっかりと議論を尽くすことである。そして、意思決定の結果とその判断根拠を議事録に残して共有することで、会社に意思決定に関するノウハウが蓄積されていく。

おそるべき減損会計

企業が行った設備投資が想定通り成功すれば，それは企業利益をもたらし，いうことはない。ところが怖いのは，何らかの理由で当初想定した利益が獲得できない場合である。

現行のわが国の会計基準では，「固定資産の減損に係る会計基準」（企業会計審議会）というものがある。これは企業が投資した土地や建物，機械装置，ソフトウェア，のれんなどの固定資産のうち，将来的に企業の収益獲得に貢献しないと判断される固定資産について，この帳簿価額を適正な回収可能額まで切り下げ，回収不能部分を「減損損失」として特別損失に計上するという会計基準である。

そもそも固定資産というのは，販売目的の棚卸資産や投資目的の有価証券などの金融商品と異なり，長期的に企業の収益獲得に貢献することを目的に保有されている。このため建物や機械装置の取得価額を減価償却という会計的手法によって，その収益獲得の効果が及ぶ期間にわたって（これを「耐用年数」という）費用計上し，損益計算書において，収益と費用の適正な期間対応が図られている。

しかし，投資した固定資産のうち，将来の収益獲得効果が疑問視され，明らかに「投資の失敗」と考えられるものまで，当初の予定に従って，長々と減価償却を継続していくのは損失の先送りでしかない。それは収益獲得に貢献しない不良資産を貸借対照表に計上し続けることを意味する。

減損会計とは，この投資の失敗により，過大となった固定資産の金額を適正水準まで切り下げる会計処理であり，減損損失とは，経営陣が事実上，投資の失敗を認めたということになる。減損損失が多額に上り，決算の黒字予想が一転して，赤字転落する要因になることも多く，投資判断に責任を負う経営陣にとって、最も恐ろしい会計基準である。

最近の企業決算では、住友商事が２０１５年３月期に資源事業関連の減損損失として３１０３億円の減損損失を計上しており、キリンホールディングスは２０１５年12月期にブラジル子会社関連の減損損失として、１２３３億円を特別損失に計上している。

減損会計の厄介なところは、金額が巨額に上ることもあるが、企業グループ全体として利益を計上していても、部分的に赤字事業が存在すればその事業に対して適用される点である。

減損会計では、最初に企業グループ傘下の事業をキャッシュを生成する最小の単位にグルーピングし、そのグルーピングごとに減損の判定を行う。よって好調なA事業が稼得している利益の範囲内で、不調なB事業の赤字を賄えていたとしても、B事業に「減損の必要あり」と判定されれば、B事業に対する投資が損失計上されてしまう。

そもそも固定資産の減損会計は、バブル経済の狂騒の中で、企業の貸借対照表が過剰な不動産投資や設備投資によって膨らみ、日本企業の貸借対照表が多額の不良資産を抱えたという背景がある。このため収益性の乏しい不良資産を早期に損失処理することを目的に導入された。これによって、企業資産のリストラが進み、貸借対照表がスリム化し、投資効率の改善に一定の効果が見られた。以前は、主力事業が好調であれば、多角化と称して、まったく関連のない事業に投資し、多額の損失を計上している会社も多くあった。しかし減損会計導入後は、企業グループとしては好調でも、減損対象となる事業があると、その情報が詳細に開示されるため、不用意な多角化に対する牽制として機能している。

しかし一方で、経営者にしてみれば、好調な事業が生み出すキャッシュの範囲内で、次世代の事業を育成して何が悪いという意見もある。将来の事業の芽を育てようとしても、その事業が数年内に成果を出さなければ、投資がたちまち損失処理されてしまう。そういう意味では、減損会計の存在によって、経営者は次世代の新規事業を育てにくくなっており、企業が競争力を維持するための積極的な設備投資を抑制するという危険性をはらんだ会計基準である。

実務ノート5

「預金が仮に差し押さえられました」

私が財務顧問を務めていたA社の社長から相談があり、現在、システム開発を請け負っている得意先のR社から、資本提携の話を持ち掛けられているという。事業内容を調査してみたところ、両社の間に資本提携に及ぶほどの統合シナジーがあるとは考えられなかった。R社にその旨を伝えると、彼らのオファーは資本提携から、次第にA社に出資したいという申し出に変わっていった。当時A社は株式公開を目指して、年率30％以上の勢いで売上が伸長していたから、R社は投資対象として興味を持ったのであろう。しかしA社にとって、R社の出資を受け入れるメリットが乏しかったことから、R社のオファーはお断りしていた。

ところが、それから数カ月たったある日の朝、いつものようにA社の定例ミーティングに参加していると、A社のメインバンクの担当者から電話がかかり、彼は開口一番、「たった今、裁判所から仮差押命令が当行に届き、御社の預金が仮に差し押さえられました！」ともの凄い剣幕で言った。私はそれまで「仮差押」という法的措置を経験したことがなかったので、最初は事態がよく飲み込めずにいた。しかし、この「仮差押」がその後、一年間続く経営難の始まりであった。

「仮差押」とは、債務不履行などで相手方に損害賠償などの債権を有すると主張する原告が、相手方に十分な資力がなかったり、資産の隠匿、逃亡によって、債権を回収できなくなるおそれがある場合、裁判所に事情を申し立て、相手方の財産を仮に差し押さえるものである。本来は、本訴によって損害賠償請求権が確定してから、債権の保全を図るべきなのだが（この場合は「本差押」となる）、仮差押はそれでは、債権の保全が図られないおそれが高い場合に認められる特殊な手続きである。

仮差押の恐ろしいところは、債権を有していると主張する原告の一方的な申立によって、裁判所が仮差押の必要性を判断することにある。財産を仮に差し押さえられる被告には一度の釈明の場も与えられない。これは、原告が仮差押を訴えていることが被告に伝わると、資産を隠匿したり、浪費したりするおそれがあるためであり、仮差押の制度趣旨から考えると当然である。しかし、原告の主張が悪質な虚偽であった場合、反証の機会さえ与えられない被告は、不当に財産を差し押さえられることになる。

裁判所から送達されてきた仮差押命令を読むと、仮差押を申し立てたのは、なんと先般、資本提携の申入れをしてきたR社であった。A社はR社からシステム開発を請け負っていたが、それが納期までに仕上がらなかったため、それに伴って発生した損害賠償を請求するとある。ただし、その高額の賠償金をA社が支払えるとは思えないから、仮差押に及んだという。訴状をよく読むと、事実と異なる記述が多々あり、R社があることないことを主張書面に仕立て上げ、裁判所から仮差押命令を引き出したことが見て取れる。さらに仮差押は通常、被告の現業に対する悪影響を最小限とするために、不動産から手をつける。ところがA社は不動産を有していなかったため、

R社はA社の銀行預金と得意先への売掛債権を狙って仮差押に及んだのである。

仮差押命令が取引銀行と主要得意先に送達されるとどういうことになるか？

まず、取引銀行からの融資がストップする。銀行との金銭消費貸借契約を読むと、契約の解除事由に「仮差押」としっかり書かれている。つまり、取引銀行に契約の解除権が発生し、これを行使されれば、「期限の利益」を喪失し、借入金を即座に全額弁済しなければならない。また、得意先との基本取引契約にも同様に「仮差押」を受けた場合、得意先に契約の解除権が発生すると記載がある。その結果、当時、進行中であった複数の契約が解除され、相当な金額の売上を喪失した。

これは悪意のあるR社の一方的な申し出によって、A社の存続が危機的になるような事態であり、実際、銀行からの融資ストップと売上のキャンセルにより、A社の資金繰りは急速に悪化していった。

事態の全貌が飲み込めてきた時、私は完全にR社の策にはまったことを知った。この仮差押はR社が主張するように債権の保全が目的ではない。これは仮差押を利用してA社の経営権奪取を目論んだ、新手の企業乗っ取りである。R社の代理人（弁護士）は、日本でも有数の弁護士事務所であり、R社の企業規模にしてはいささか、身の丈を超えた代理人である。おそらくはA社の経営権を手にするために、大手の弁護士事務所が背後で知恵をつけたのであろう。仮差押を利用して経営を窮地に追い込み、A社の経営権を奪うなど、法律の素人が考えつく策ではない。

A社はすぐに裁判所に異議を申し立て、それから3回の審尋を経た結果、裁判所はA社に債務不履行がなかったと判断し、R社に仮差押の取下げを勧告した。裁判所が事実上、仮差押命令の誤りを認めたのである。R社の仮差押申立書に、明らかな虚偽が散見されたことも裁判所が当初の判断を翻した大きな要因であった。こうして仮差押されていた預金は、無事に拘束から解かれ、再び預金口座に戻された。仮差押による預金拘束から3カ月後のことである。

しかしである。3回目の審尋で取下げ勧告が出されていなければ…。仮に取下げ勧告まで6カ月を要していたとすれば、銀行の約定弁済や税金の支払いなどさまざまな債務の支払いが遅延し、企業存続が危うかった。その時A社が生き延びるには、R社に頭を下げて、仮差押の申立を取り下げてもらうしか道はなかった。その時にR社が要求するのは、A社の経営権であることは十中八九間違いがない。

仮差押命令は、たった3カ月で取り下げられたにもかかわらず、A社がそれによって被った損失は、多額の売上解除、それに伴うレピュテーションの低下、資金調達の凍結と甚大なものである。

真に保全すべき債権があったならば、仮差押を申し立て、その回収を確実なものとする行為も仕方がない。しかし、たった3回の審尋で裁判所が取下げ勧告を発するような主張で、裁判所から仮差押命令を引き出し、A社の企業継続を不当に危険に晒すのは許される行為ではない。それが企業買収の一手段であったならば、なおさらのことである。また、それを名の通った弁護士事務所が主導するなど、仮差押制度の本旨から外れた行為であって、法曹として倫理の欠落が甚だしい。

ノブリス・オブリージュ〝Noblesse Oblige〟（高貴なものは責任を伴う）という言葉がある。高い専門性を有し、独占業務を認められている弁護士や公認会計士などの職業的専門家は、その職務に公共性や社会貢献の精神がなければならない。

6

資金調達と説明責任

会社にとって資金とは、人間の血液のようなもので、それが少なくなると活動量が下がり、出血が止まらないと最終的に企業の存続ができなくなる。資金調達はその血液を常に一定量保つための手段であり、企業業績や投資計画を中長期的に予測して取り組まねばならない。日本企業は長らく銀行による間接金融が中心であったが、近年は株式公開により直接金融を積極的に活用する会社も多い。本章では日本企業における資金調達実務と資金拠出者に対する説明責任（Accountability）を考える。

会社と資金調達

会社がその継続性を絶たれるのは、ほとんどすべての場合（自主廃業などを除いて）、資金が不足し法的債務の支払いが滞るからである。会社はどのような形態であろうと、どのような業種を営もうと、事業活動を継続するためにデフォルト（default＝法的債務について債務不履行）だけは避けなければならない。逆にいえば、それらの法的債務を支払期日までに支払い続ける限り、会社が債権者によって潰されることはない。その意味で会社が負っている法的債務について、期日通りの弁済を続けていくことは、すべての会社に求められる最低限の存続条件であり、最後に守り切らねばならない会社の生命線である。

その生命線を守るため、中長期的な視点から適切な資金調達を実行し、会社の短期的な資金繰りを回していくことは、会社の生き死を左右する最も重要な仕事である。

現代の日本企業の経営において、事業資金を調達するにはいくつかの選択肢がある。

最も確実に進めるならば、本業の売上から得られるキャッシュフローで仕入債務や人件費を支払い、残った金額の範囲内で投資活動を賄う自己金融という方法がある。自分たちが現に稼いだ範囲内での投資であるから、外部からの資金調達の必要がなく、すでに社内に内部留保がある点、堅実な調達手法である。一方、自己金融は資金が自社の稼得した利益の範囲に限られるため、資金需要が旺盛な場合には事業の成長スピードが限られてしまう。

時にはマーケットが急成長し、急遽、多額の投資が必要になるなど、過去に稼得した自己資金だけでは投資資金に不足する場合がある。そのような場合は、会社の所有者たる株主に追加出資を求めるエクイティファイナンス（Equity finance）や、銀行など金融機関からの借入金や社債の発行で資金調達するデットファイナンス（Debt finance）という手法がある。

エクイティファイナンスでは、出資者は会社の実質的な所有者であり、株主総会で議決権を行使して会社の重要事項を意思決定する。その結果、会社が利益を計上すれば、その果実である配当を受け取る反面、会社が倒産した際には、出資金の返金は会社が債権者に対するすべての法的債務を弁済した後になる。

これに対して、デットファイナンスによる債権者からの融資は、金銭消費貸借契約に基づき、会社業績の好調不調にかかわらず、一定の支払利息を債権者に支払うことが約束されている。資金の出し手にしてみれば、エクイティはハイリスク・ハイリターン、デットがローリスク・ローリターンといえる。資金を調達する企業にしてみれば、エクイティは償還義務がないから長期的な運用に適する一方で、配当金支払いなど調達コストが高くなり、株主に対する説明責任も重くなる。これに対して、デットファイナンスは、債務の約定弁済時期が決まっており、その弁済期日は確実に訪れるが、支払利息などの調達コストが相対的に安くて済むという整理ができる。

このように企業が事業活動を行うために、どこから、どのような形態・条件で資金を調達してくるかという資金調達活動は、企業金融とかコーポレートファイナンスといわれる分野である。企業の財務活動は、会社の長期的な設備投資を可能としたり、短期的な営業成績の落ち込みなどに対処して資

図表６－１　ファイナンスの分類

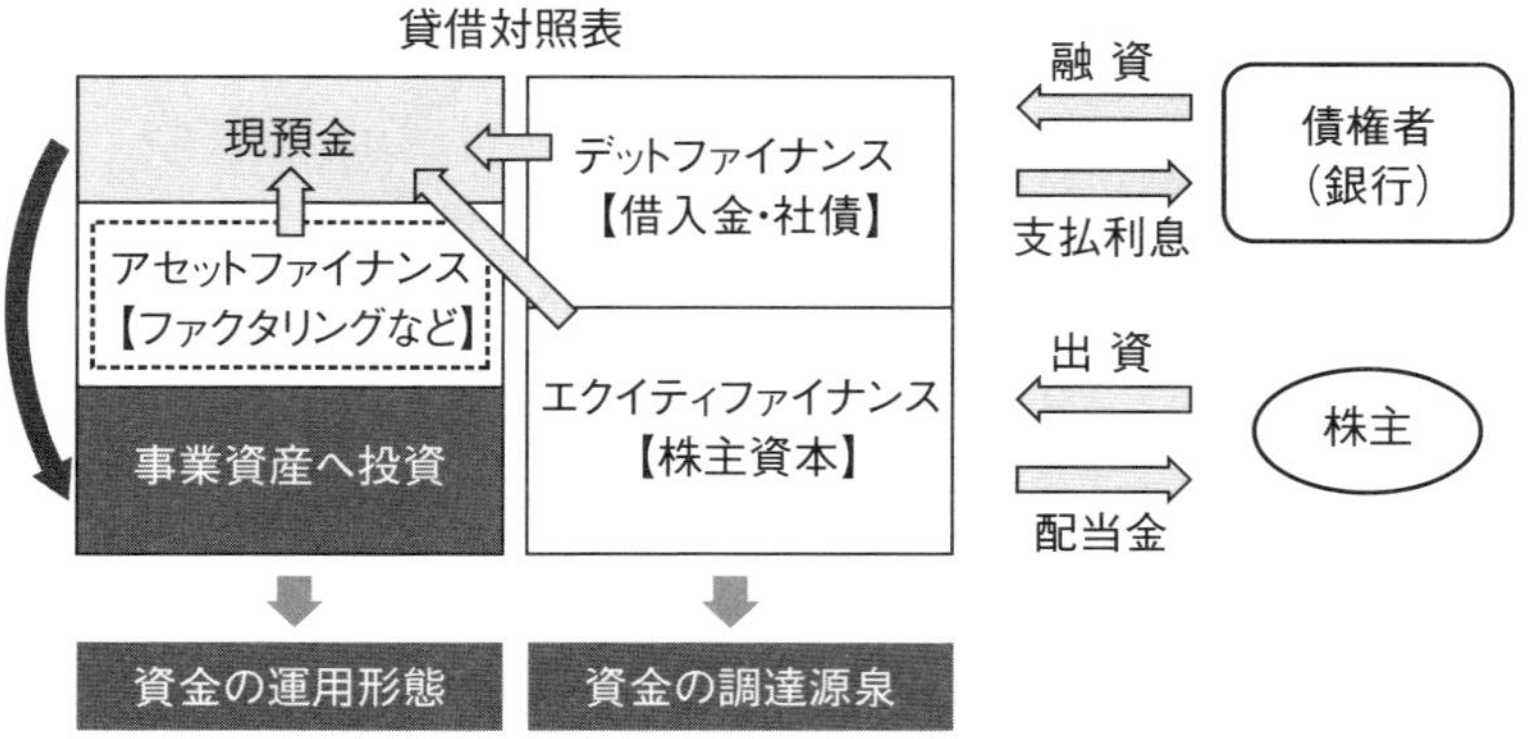

金繰りを円滑に進める運転資金として、企業経営になくてはならない役割を担っている。

株式会社と説明責任（Accountability）

会社が資金を調達するために避けて通ることができないのが、資金の拠出者（出し手）に対する説明責任である。資金の拠出者が株主（エクイティファイナンス）であれ、債権者（デットファイナンス）であれ、資金の拠出者に会社の財政状態や経営成績に関する情報を正しく伝えることは、資金運用を託される経営者の責任である。

この時、経営者、株主、債権者の間には、利害関係が発生し、その利害調整を果たしているのが財務会計によって作成された会社の決算書である。英語では説明責任を「Accoutability」といい、一般に公正妥当と認められる会計基準に準拠して作成された決算書を株主や債権者に開示することで、説明責任を果たしている。そういう意味では、説明責任とは実質的には「会計による報告責任」である。

（1）株主に対する説明責任

会社の株主に対する説明責任を正しく理解するために、株式会社の歴史的成り立ちや特性を理解しておくことは有用である。

会社とはそもそも「会社法」（かつては商法といわれた）に規定されている法律用語であり、会社には株式会社のほかに、持分会社に分類される合名会社、合同会社、合資会社などがある。４つの会社類型の中で、歴史的に最も古いのは合名会社であり、その原型は中世のヨーロッパで資本家が中心となって事業を行っていた時代に遡る。この時代は、未だに政治が不安定であったため、所得の不平等が甚だしく、社会システムとして富の再分配が機能していなかった。このため富の偏在が著しく、一部の資産家が出資して自ら経営も行う、今でいう自営業のような経営形態が主流であった。

この合名会社形態では、親族や近親者が強い信頼関係のもとパートナーシップを結び、共同して事業を行うため出資者と経営者が同一である。これを「所有と経営の一致」という。よく欧米の歴史ある会社名に「～brothers」（～兄弟）や「～& Sons」（～とその息子たち）という社名があるが、これらは当時のパートナーシップの名残である。

合名会社の形態では、仮に会社が立ち行かなくなって、負債を負って倒産した場合、この出資者兼経営者が直接無限の連帯責任を負う。これを人的担保といい、事業の出資者が経営者を兼務していることから、その結果に重い責任を負うのである。

このような責任関係の下では、会社の説明責任はそれほど重要ではない。なぜなら合名会社では会社の所有者と経営者が同一であるため、常に会社の所有者が会社の情報に精通しているからである。

この合名会社は、事業に失敗した際の出資者へのダメージが大きく、また、信頼関係を前提としたパートナーシップは通常、近親者に限られるため、大規模な事業展開には不向きであった。

やがて政治の民主化が進み、市場経済が発達して所得格差が縮小してくると、一部の資本家だけではなく、広く社会の中産階級が財産を所有するようになる。例えていえば、かつては特定の資本家1人が1億円所有していたものが、中産階級100人が100万円ずつ財産を所有するように変わっていったのである。

一方で、18世紀から19世紀にかけて、石炭、鉄鋼、鉄道、電気、繊維など巨額の資本を必要とするインフラ産業の発達が急務であったから、この中産階級一人ひとりが所有する100万円を事業投資に回すための仕組みが必要であった。

そこで主流となってきたのが株式会社という会社形態である（最初の株式会社の設立は、有名なオランダにおける東インド会社の1602年である）。これは会社の持分を均等に細分化して、広く社会に散財する零細資本を事業資金として集約できるようにした。会社の所有者を少数の資本家に限定しないで、出資者を広く不特定多数に募ったのである。その均等に細分化された出資単位が「株式」である。

さらに、仮に会社が倒産しても、この株式が無価値（よくいう紙切れ）になるだけで、それ以上の責任を負わされないという間接有限責任を採用した。これにより資金の出し手の責任は出資金に限られ、出資者が心理的にも投資がしやすい仕組みとした。

ただし、株式会社には一つ大きなガバナンス（企業統治）上の問題があった。それは会社の所有者

図表6－2　合名会社と株式会社

会社形態	合名会社 ➡	株式会社
持分の特徴	✓社員間のパートナーシップ ✓直接無限責任	✓持分を均等細分化（＝株式） ✓間接有限責任
所有と経営	一致している 社員（出資者）が経営者を兼務している	分離している 経営は専門家で構成する取締役会に委託し、所有者である株主は重要事項を株主総会で決議
出資形態	金銭とともに労働を出資	金銭出資
事業規模	小規模	大規模
出資者の特徴	少数の資本家 （１億円を１人から調達）	多数の中産階級 （100万円を100人から調達）
歴史的背景	富の偏在 所得の不平等	民主化による中産階級の台頭 社会システムとして富の再分配

である株主が大勢いるため、毎回株主が集まって経営判断をしていたら、意思決定の機動性を欠き、競争力を保てないという本末転倒なものだった。そこで、普段の経営は専門家である経営者に任せ、株主の権限は経営者の選解任や重大な資産の譲渡など、会社の重要事項に限り、その権利行使の場を株主総会とした。つまり会社を所有している株主と経営している経営者が異なる「所有と経営の分離」を採用したのである。

このような背景で、所有は株主、経営は経営者という分担が出来上がった。すなわち、株主が経営を委託し、経営者が受託するという関係（これを「エージェンシー関係」という）になり、これによって経営者の株主に対する説明責任が重要となったのである。

当然ながら、株主は経営者に資金を託すにあたって、その資金管理と運用の報告を経営者に求めることになる。現行の会社法でも、株主総会に先立って株主には計算書類（貸借対照表、損益計算書、株主資本等変動計算書）が送付され、原則として株主総会での承認を要する。これが経営の受託者たる経営者に課された株主への説明責任である。

⑵　債権者に対する説明責任

株式会社が外部から資金調達しようとすると、証券市場で株式を発行して調達するエクイティファイナンスと、銀行など金融機関から借入れしてくるデットファイナンスのいずれかである。エクイティファイナンスの場合、株主は会社の重要事項に関して議決権を行使し、業績好調であれば配当を受け取る代わり、会社が倒産したら株券は無価値になる。

他方、デットファイナンスでは、債権者は経営に関与することはなく、会社の業績にかかわらず利息収入をもらって安定的な代わり、貸出金利が決まっているから貸付先に利益が出ても収入が増えるわけではない。ただし、会社が倒産した場合、株主に優先して残余財産の分配を受けることができる。このため、債権者にしてみれば、会社財産の保全は重要な関心事である。

例えば、銀行から金を借り入れた会社が、利益を出してもいないのに、その借り入れた資金で株主に配当し始めたらどうであろうか。それは実質的には株主が債権者の利益を害していることになる。なぜなら株主は高い配当を求めて、リスクの高い資金を投入している。株主への配当は本来、投資成果が現実のものとなり、企業が稼得した利益の中からなされるべきものである。経営が赤字であるにもかかわらず、会社財産が株主に配当されるとすれば、それは債権者への債務弁済に充当されるべき資金が株主に流出していることを意味する。

そこで、従来の商法は株主への配当に制限を設けて、長らく企業が稼得した利益の中からしか配当できないという規制を取ってきた。２００６年の会社法の改正で、株主の同意のもと、配当可能な原資は多様化される方向にあるが、経営者は債権者に対して、貸借対照表や損益計算書などの決算書を示すことによって、株主への配当が適法になされていることを示し、債権者の財産保全に対する説明責任を果たしているのである。

以上のように会社の資金調達を考える上で、資金の出し手に対する説明責任は一対である。言い換えれば、資金調達の巧拙は、会社が経営の説明責任にどのように向き合い、資金拠出者の情報ニーズを充たしているかに大きく左右される。資金調達を滞りなく行っている会社は、資金拠出者の説明責任に対する満足度が高い会社である。

米国流ファイナンス理論の無力さ

企業の資金調達（ファイナンス）を学ぼうとして書店に行くと、コーポレートファイナンスや財務管理論の書籍が大半である。それらの教本を手に取ると、シャープの資本資産評価モデル（CAPM = Capital Asset Pricing Model）やモジリアーニ、ミラーの最適資本構成（MM理論）などが紙数の多くを占めている。しかし、日本企業の資金調達実務への役立ちを考えると、これは大半の会社で机上の空論となる。なぜなら、世の中のほとんどの会社は未公開会社であり、また、情報の偏在が存在しない完全な資本市場など現実的には想定できないからである。ＣＡＰＭやＭＭ理論などのコーポレートファイナンス理論は、いわば米国直輸入の理論体系であり、資本市場を前提としたエクイティファイナンスが中心で、デットファイナンスの視点が丸ごと抜け落ちている。ところが日本の企業金融は、戦後長らく「護送船団方式」といわれたデットファイナンス（≒間接金融）中心であり、現在も創業間もない会社の資金調達を支えているのは、金額ベースで見れば圧倒的に銀行を中心とする金融機関である。このため米国流ファイナンス理論は、日本企業の資金調達にほとんど役立たないのである。

日本企業の資金調達における実務を見ると、会社の事業規模に応じて一定の類型化が可能である。例えば、創業間もない会社がファンドからエクイティで資金調達することは非常に例外的なケースといえる。現実的には地方銀行や信用金庫に事業計画を提出し、デットファイナンス（銀行借入）によって、創業後しばらくはファイナンスを行うことになる。その後、会社規模が順調に拡大し、株式公開を果たすことによって、資金調達は一つの大きな節目を迎える。株式公開の前後では、企業規模が拡大し、信用力も増すため、資金調達の手法としてとりうる選択肢は大きく拡がってくる。

本章では、企業の資金調達の手法と説明責任について、企業規模に照らして、段階的に解説したいと思う。

創業後（零細企業・中小企業）の資金調達

会社は、株主からの出資により会社が起業されることから始まる。創業当初は、株主が経営者となるオーナー企業が大半であるが、この段階での資金調達手法は極めて限定的である。創業間もない会社に、高いリスクを取ってエクイティで出資しようとする投資家はなく、また、そのような資金需給のマッチングの場もない。この時期にエクイティで増資を引き受けるのは、通常は創業者かその近親者に限られるため、創業後しばらくはデット中心のファイナンスとなる。

このデットの主な引受け手となるのが、地方銀行・信用金庫である。地域に密着し、地元産業の育成を経営理念に掲げる地銀・信金が事業の創業期を支える。とはいえ、創業当初の倒産リスクは非常に高いため、地銀・信金も融資に慎重にならざるをえない。この点、わが国には中小企業保護、産業の育成の観点から、信用保証協会という公的機関が設けられ、中小企業による資金調達の円滑化を後ろから支えている。

信用保証協会とは、信用保証協会法により設置される公益法人で、都道府県に各一拠点のほか、大規模都市に設立されており、中小企業による金融機関からの資金調達を保証している。わかりやすくいえば、中小企業に地銀・信金が融資し、仮に債権が貸し倒れた場合、この保証協会の「保証承諾」があれば、保証協会が中小企業に代わって地銀・信金に債権を代位弁済し、不良債権を片代わりするのである。創業間もない会社の倒産確率は極めて高いため、地銀・信金ではできるだけ保証協会を利用し、貸倒リスクを負わないようにしている。信用保証料を負担しているのは中小企業（債務者）であるが、仮に保証協会により地銀・信金に代位弁済がなされても、債務が消滅するわけではなく、弁済義務は継続し、代位弁済後は保証協会が中小企業（債務者）に対して求償権を有し、債権者となる。

この保証協会付き融資によれば、地銀・信金は貸倒リスクを保証協会に移転することができるため、地銀・信金の融資実務において積極的に活用されているが、当然、保証協会の保証枠は限りがある。保証協会枠は、保証協会に申請された中でも経営成績が良好な会社から優先的に割り当てられるため、地銀・信金は、融資先の会社概要や経営成績をまとめ上げて、保証協会に日参し、「保証承諾」の獲得を目指すのである。

地銀や信金が地方経済を支えるといっても、創業後まもなく地銀・信金から融資を受けるには、不動産担保を差し入れるか、この保証協会の枠を得るか、いずれかでなければ、現実的に融資を受けることは難しい。

なお、創業段階で都市銀行、いわゆるメガバンクから融資を受けるのは一層、ハードルが高い。最近は、メガバンクもビジネスサポートやベンチャー育成などといって、中小企業に対する一定の融資枠を設ける動きもあるが、そこは地銀・信金との明らかな棲み分けが存在する。都市銀行も保証協会枠を使わないわけではないが、資金量からいえば、上場企業に対する数百億円～数千億円単位の融資が彼らの主たる融資対象である。何らかの特殊事情がない限り、売上10億円未満の会社にそれほどの興味を示すことはない。

その後、経営が安定的に推移し、地銀・信金における保証協会枠での借入れと返済の実績が積み上

図表6－3　企業規模と資金調達方法

ステージ	売上・利益の目安	デットファイナンス	エクイティファイナンス
零細企業	売上高 ５億円未満 純利益 3,000万円程度	✓ 地方銀行・信用金庫からの借入（信用保証協会枠） ✓ 日本政策金融公庫（国民生活事業からの借入）	✓ オーナーによる追加出資
中小企業	売上高 ５億円～15億円 純利益 8,000万円程度	✓ 地方銀行・信用金庫のプロパー借入 ✓ 日本政策金融公庫（中小企業事業）からの借入 ✓ 都市銀行からの借入	✓ 中小企業投資育成（政府系）からの出資 ✓ 業績の内容に応じて資本ローン
公開準備	売上高 15億円～50億円 純利益 １億円～３億円	✓ 都市銀行からの借入が増加傾向	✓ ベンチャーキャピタルファンドの投資 ✓ 株式公開（IPO）によるマーケットからの調達
公開会社	売上高50億円超 純利益３億円超	✓ 都市銀行がメインとなり借入・社債発行	✓ 新株発行によるマーケットからの調達（PO）

がってくると、地銀・信金も保証協会の枠に頼らないで、自らのリスクで融資をするようになる。これをプロパー融資という。地銀・信金がプロパー融資を引き受けてくれるようになれば、金融機関との間で一定の信頼関係が醸成されてきた証拠であり、もはや、創業期ではないといえる。

さらに事業の成長が著しく、将来的に投資妙味があれば、ベンチャーキャピタルや投資ファンドからエクイティによって資金を調達し、さらに株式公開を果たせば、会社の信用力は高まり、資金調達の選択肢は格段に増加する。

資金調達に向けた提供資料

創業期から売上規模が10億円程度までの間に、金融機関からデット（借入金）で資金調達をしようとすれば、金融機関に会社の内容を適切に伝えて、与信審査を通らなければならない。ほとんどの会社は創業後、10年の間に倒産したり、休眠したり、実質的に事業継続を絶たれる。金融機関もそれをわかっているから、審査の眼は相当に厳しくなる。その意味で、この時期の資金調達が最難関といってよい。

金融機関からの融資を受ける上で、最低限必要な資料に次のものがある。

(1) 会社の事業内容を伝える資料
(2) 過去の決算書（貸借対照表、損益計算書、株主資本等変動計算書）
(3) 損益計画
(4) 資金繰り表
(5) 投資の採算性を示す資料（設備投資の経済性計算）

(1) 会社の事業内容を伝える資料

金融機関が創業間もない会社に融資する際に、最初に確認するのは実際に事業が成立しているか、である。個人では融資が下りないために、企業融資の枠を使って金融機関から融資を引き出そうとしたり、不正に助成金を受給しようとする反社会的勢力も多い。彼らは、事業としての実態が存在しないにもかかわらず、会社として事業活動が成立している外形を整えるために、一定の売上があるかのような伝票や資金の流れを偽装する。かつての製造業や卸売業と違って、近年はソフトウェア開発事業など、製品や工場の実態を目で見て確認できる事業ばかりではない。悪意を持った複数人が協力して、会社を数社設立し、当該会社間で架空取引を行えば、書類上、特定の会社に売上が上がったように偽装することは可能である。

図表６－４　EXECUTIVE SUMMARY

１．会社の概況
　①　商号・住所・代表者
　②　代表者の略歴
　③　沿革
　④　従業員数
　⑤　株主名と持株数
２．過去業績のハイライト情報【３年～５年】
　①　売上高・営業利益・経常利益・最終利益
　②　総資産・純資産・有利子負債
　③　営業利益率・自己資本比率
３．事業概況と自社のポジショニング
　①　事業内容と市場規模
　②　自社の強み・弱み【SWOT分析】
　③　主要な取引先
４．中長期的な数値目標

　金融機関は近年、コンプライアンス（法令遵守）の観点からも、反社会的勢力への融資や融資詐欺の類に敏感である。このような詐欺的な手口を防ぐために、融資審査の初期段階で、必ず行員が会社の所在地に足を運び、会社が書類上のペーパーカンパニーではなく、実在し、事業が営まれているかを確認する。代表者の素性を確かめ、主要な取引先を信用調査にかけ、会社が経済的価値を生み出していることを検証する。創業間もない会社が融資を受ける第一歩は、代表者がなぜ会社を設立し、どのような事業を営み、どこの取引先に、何を売っているのかを具体的に金融機関に伝えることである。

図表6－4のように「EXECUTIVE SUMMARY」の形で、会社や事業内容に関する情報を体系的にまとめて提出すれば、会社情報を網羅できて効率的である。

「1．会社の概況」は必ず正確なものであること。金融機関は同時に法務局が発行する会社の「全部履歴事項証明書」を入手して、その真偽を確かめる。ここで誤りがあると情報の信頼性が大きく下がってしまう。

「2．過去業績のハイライト情報」は、単に数値を並べるだけでなく、なぜそのような決算になったのか（売上伸長や赤字決算など）の説明があるとなおよい。

「3．事業概況と自社のポジショニング」において金融機関が知りたいのは、会社がどのような製品（サービス）をどこに売って、事業を成立させているか。その事業の存在価値である。市場規模と会社のポジショニングから、会社の競争力や将来性を判断する。また、自社の強みや弱みのSWOT分析ができているということは、経営者が自社のポジションを客観的に分析できていることを意味しており、金融機関の安心度は高まる。

「4．中長期的な数値目標」で、中長期的（3～5年）にどれほどの売上や利益の数値目標を持っているかを確認できれば、会社の過去と現在、未来を総合的にレビューすることができ、会社や事業に対する理解も早まる。

(2)　過年度の決算書（貸借対照表・損益計算書・株主資本等変動計算書）、税務申告書

会社の事業内容・経営者の素性に問題がないことが確認されれば、次は会社の決算書である。過去５カ年（または創業以降）の貸借対照表、損益計算書、株主資本等変動計算書と税務申告書を提出する。通常は、法人税等の税務申告書にこれらの決算書が添付されているので、それを提出すればよい。

金融機関は、会社の経年の財政状態及び経営成績の状況を踏まえて与信判断を行う。このため決算書は実質的に最も重要な審査書類といってよい。金融機関はこの決算書をもとに、会社の経営数値を与信管理システムに入力し、経営の安全性、成長性、収益性など、数多くの経営指標をスコアリングして、与信の適否と限度額を計算する。近頃、金融機関の与信管理は、１００％何らかの形で与信管理システムを活用しているといってよい。それも相当程度、その評価結果を重視している。上場企業となって企業と金融機関の取引が長年にわたり、金融機関と企業の間にさまざまな取引履歴がある場合には、より長期的な視点から政策的判断が介入することもある。しかし、新たに金融機関と取引を開始する段階では、ほとんど定性的な情報は斟酌されず、ほぼ与信管理システムからはじき出される評価点によって与信限度額は決定される。

過年度の決算書の中でも、とりわけ直近の決算書は重視され、直近の損益計算書が赤字であると、その評価点を翌年一年間は引きずることになる。いくら月次決算の推移を示して黒字転換した事実を伝えても、与信管理システムは確定した年度決算にしか対応していないので、会計年度の途中で評価点が変更されることはない。

驚くべきことに、現在の小規模融資の実状は、与信管理システム任せで、ほとんど金融機関の担当

者の裁量が介入する余地はないのである。資金調達の現場にいると、この与信管理システムが行員より重用されている実状に違和感を感じるが、金融機関にもそれなりの事情がある。あまりに行員の裁量を認めると、情実融資（取引先との人間関係や自己の利益を重視し、適切なリスク評価を行わないでなされる融資）が横行する。また、近年の会計基準の高度化の中、財務諸表を読み解く力も専門化しているから、与信管理レベルの品質を一定レベルに保とうとすれば、例外を設けずにシステムで一括管理するほうが効率的なのである。そういう意味では、毎年少額でもよいから黒字決算の実績を積み重ねることが、継続的に銀行与信枠を拡大する確実な道である。

(3) 損益計画

損益計画は、進行中の会計年度における損益計算書の出来上がりを計画したものであり、月次ベースで示される。融資にあたっては、決算書による過年度の実績が重視されるが、直近の決算の後、足元の経営数値がどのように推移し、進行中の会計年度はどの程度の損益が出るかを確認する。例えば、決算日後、3カ月以上経って融資を受ける際には、すでに経過した3カ月分の損益推移と今後の予測を示し、進行年度の損益予想を求められる。中小企業が上場企業並みの開示書類を作成することは難しいが、少なくとも**図表6－5**に例示するような損益計画を作成する経営管理能力は必要である。

この損益計画は、どちらかというとネガティブチェックと考えたほうがよい。直近の決算期で黒字を計上していたにもかかわらず、売上が急減し、月次ベースで赤字になっていたり、性急な事業拡大によるコスト増によって、収益構造が悪化していないことを確認するためである。直近決算は黒字で

図表6－5　損益計画（例）

（単位：千円）

勘定科目	実　績				計　画		
	X1年1月	X1年2月	X1年3月	X1年4月	X1年5月	X1年6月	X1年7月
売上高	98,362	120,335	104,680	105,000	110,000	110,000	110,000
売上原価	49,046	60,411	51,582	52,500	55,000	55,000	55,000
売上総損益	49,316	59,924	53,098	52,500	55,000	55,000	55,000
売上総利益率(%)	50.1%	49.8%	50.7%	50.0%	50.0%	50.0%	50.0%
役員報酬	9,500	9,500	9,500	9,500	9,500	9,500	9,500
給料手当	14,223	14,827	14,436	14,500	14,500	14,500	14,500
法定福利費	6,325	6,325	6,325	6,325	6,325	6,325	6,325
福利厚生費	24	62	32	50	50	50	50
賞与引当金繰入	820	820	820	820	820	820	820
賃借料	13,781	13,781	13,781	13,781	13,781	13,781	13,781
旅費交通費	2,548	3,201	2,970	3,200	3,200	3,200	3,200
通信費	362	380	452	400	400	400	400
事務用品費	813	667	680	680	680	680	680
水道光熱費	405	444	399	400	400	400	400
リース料	520	610	612	620	620	620	620
新聞図書費	63	24	32	40	40	40	40
支払手数料	1,320	1,223	981	1,000	1,000	1,000	1,000
交際費	142	99	82	100	100	100	100
保険料	89	89	89	89	89	89	89
租税公課	20	18	42	30	30	30	30
減価償却費	815	815	815	815	815	815	815
販売管理費計	51,770	52,885	52,048	52,350	52,350	52,350	52,350
営業損益	▲2,454	7,039	1,050	150	2,650	2,650	2,650
営業利益率（%）	▲2.5%	5.8%	1.0%	0.1%	2.4%	2.4%	2.4%
受取利息	2	3	2	2	2	2	2
雑収入	276	394	288	250	250	250	250
営業外収益合計	278	397	290	252	252	252	252
支払利息	571	582	581	581	581	581	581
雑支出	5	11	20	10	10	10	10
営業外費用合計	576	593	601	591	591	591	591
経常損益	▲2,752	6,843	739	▲189	2,311	2,311	2,311
経常利益率（%）	▲2.8%	5.7%	0.7%	▲0.2%	2.1%	2.1%	2.1%
税金等調整前当期純損益	▲2,752	6,843	739	▲189	2,311	2,311	2,311
法人税等	▲963	2,395	259	▲66	809	809	809
当期純損益	▲1,789	4,448	480	▲123	1,502	1,502	1,502

あるのに決算日後、何らかの理由で業績が悪化している場合、金融機関は適当な理由をつけて様子見となる。

逆に、直近の決算が赤字でありながら、会計年度途中で黒字転換したからといって、融資を得るのが難しいことはすでに書いたとおりである。与信管理システムが年度決算にしか対応していないため、月次で黒字転換しても早々に評価点が見直されるわけではない。

(4) 資金繰り表

会社が経常取引からどれだけの収入・支出があり、経常外取引である投資や融資などから、どれだけの収入・支出があるかを示したものが資金繰り表であり、ここで資金とは現預金を指す。会計上、売上を計上しても売掛金として未回収であれば、現預金は増加しない。同様に仕入をしても買掛金が未払いの場合、現預金は減少しない。会社はそのような売上債権や仕入債務の回転期間を加味して、資金残高が常にマイナスにならないよう資金繰りを回していかなければならない。また、毎月の借入金返済や税金の納税なども企業が負担すべき支払いである。このような売上債権の回収状況や法的負債の支払いは損益計算書からは明らかにならない。そういう意味で資金繰り表は、損益計算書の利益が実際に現預金の獲得を伴っているのか。いわば利益の品質を確認し、経営の安定度を評価するために使われる。資金繰り表は月次ベースで作成され、過去6カ月分と向こう1年程度が求められる。金融機関は資金繰り表を見て、売上を計上していながら長期未回収となっている債権はないか、売上規模に照らして投資規模が適切か、融資後の約定弁済が現実的に可能かを検証する。

図表6－6　資金繰り表（例）

（単位：千円）

項目			実績			計画		
			X1年1月	X1年2月	X1年3月	X1年4月	X1年5月	X1年6月
経常収支	営業収入	現金回収	505	671	1,125	1,000	1,000	1,000
		振込入金	92,836	113,574	102,374	100,000	110,000	110,000
		手形取立入金	4,550	1,482	3,331	2,500	2,500	2,500
		小計	97,891	115,727	106,830	103,500	113,500	113,500
	営外収	受取利息	2	3	2	2	2	2
		受取リベート	221	332	288	200	200	200
		その他入金	55	62	45	50	50	50
		小計	278	397	335	252	252	252
	経常収入計（A）		98,169	116,124	107,165	103,752	113,752	113,752
	営業支出	材料費	20,598	19,916	17,796	20,700	20,700	22,000
		製造経費	13,968	13,565	12,324	12,420	13,620	13,620
		外注費	5,234	6,455	7,258	7,245	9,080	9,080
		人件費	43,204	43,759	48,954	43,500	43,500	43,500
		賃借料	13,781	13,781	13,781	13,800	13,800	13,800
		旅費交通費	2,469	3,334	2,871	3,200	3,200	3,200
		通信費	379	387	420	400	400	400
		事務用品費	813	667	4,000	4,000	4,000	4,000
		水道光熱費	405	444	399	400	400	400
		リース料	520	610	612	620	620	620
		その他経費	1,617	1,216	1,509	2,000	2,000	2,000
		小計	102,988	104,134	109,924	108,285	111,320	112,620
	営外出	支払利息	571	582	581	581	581	581
		その他支出	5	11	20	10	10	10
		小計	576	593	601	591	591	591
	経常支出計（B）		103,564	104,727	110,525	108,876	111,911	113,211
経常収支過不足（A-B＝C）			▲ 5,395	11,397	▲ 3,360	▲ 5,124	1,841	541
経常外収支	収入	短期借入			20,000			
		長期借入					30,000	
		役員借入						
		増資		10,000		1,750		
		計（D）	0	10,000	20,000	1,750	30,000	0
	支出	短期借入返済		10,000				
		長期借入返済	6,472	8,467	6,896	6,911	9,122	6,821
		新規設備投資						30,000
		子会社貸付	15,000					
		消費税予定納税		3,850			3,850	
		計（E）	21,472	22,317	6,896	6,911	12,972	36,821
収支過不足（F=C+D-E）			▲ 26,867	▲ 920	9,744	▲ 10,285	18,869	▲ 36,280
残高	月初現預金残高（I）		29,459	2,592	1,672	11,416	1,131	20,000
	月末現預金残高（I＋F）		2,592	1,672	11,416	1,131	20,000	▲ 16,280

同じ現預金の動向を示す財務資料にキャッシュフロー計算書がある。キャッシュフロー計算書は、企業の活動を営業活動、投資活動、財務活動に三分類し、それぞれにいくらのキャッシュイン、キャッシュアウトがあるかを示したものである。キャッシュフロー計算書は通常、年度ベースで作成され、月次で作成されることはあまりない。キャッシュフロー計算書はより大きなスコープで、過去1年間のキャッシュインとアウトの流れを総合的に評価するために使われる。資金繰り表はより短期的に、月次ベースで資金残高をショートさせないよう管理する目的で作成するので、経営基盤が脆弱な中小企業ではより重視される。

(5) 投資の採算性を示す資料（設備投資の経済性計算）

会社が融資を求める場合、大きく分けて二つの使途がある。一つは、何らかの設備投資に充当する目的であり、メーカーが生産設備を導入する場合やソフトウェア会社がシステム投資を行うような場合である。また一つは運転資金である。これは売上債権と仕入債務のサイトの差を埋めたり、短期的に売上が減少する間、資金ショートを起こさないよう資金をつなぐ目的で行われる。

融資が投資目的である場合は、さらに投資の採算性を示す資料が必要である。**図表6－7**は投資の実行によって、増減するキャッシュベースの投資効果を予測し、設備投資に経済合理性があることを説明する資料である。

金融機関にしてみれば、融資が何に使われるかは重大な関心ごとである。設備投資目的で融資をしたものの、投資が一向に実行されず、人件費などの運転資金に拠出されては、融資審査の意味がない。

図表6－7　設備投資の経済性計算（金融機関説明資料）

1．投資概要と前提

投資額	40,000千円（総額）
投資の内容	工場における新型機械設備
投資の判定期間	6年を想定
資本コスト	5％

2．投資後フリーキャッシュフローの見込み

（単位：千円）

投資時	X1年	X2年	X3年	X4年	X5年	X6年	摘　要
	20,000	20,000	20,000	20,000	20,000	20,000	①売上増
	5,000	5,000	5,000	5,000	5,000	5,000	②外注費削減
設備投資金額	▲8,000	▲8,000	▲8,000	▲8,000	▲8,000	▲8,000	③人件費増
▲40,000	▲5,950	▲5,950	▲5,950	▲5,950	▲5,950	▲5,950	④税金費用
	11,050	11,050	11,050	11,050	11,050	11,050	⑤割引前CF計（①から④）
現在価値合計	0.952	0.907	0.864	0.823	0.784	0.746	⑥現価係数
56,086	10,524	10,023	9,545	9,091	8,658	8,246	⑦CF計（⑤×⑥）

3．差額原価・収益の説明（単年度）

①売上高	20,000千円	新規設備の稼働に伴い増加する売上見込み
②外注費	5,000千円	新規設備の稼働に伴う現状の外注費の削減見込み
③人件費	▲8,000千円	新規設備稼働のための人員増加見込み1人当たり400万円×2名
④税金費用	▲5,950千円	収益増加に伴う税金費用（①＋②＋③＋④）×35％（法定実効税率）
投資に伴う差額収益	11,050千円	←投資によるキャッシュフロー増加分

4．投資判定結果

正味現在価値法	26,086千円	投資判定期間（6年）の正味現在価値（56,086千円－40,000千円）
収益性指数法	140.20％	現在価値合計56,086千円÷設備投資金額40,000千円
割引回収期間法	4.1年	投資額40,000千円の回収に要する期間
内部利益率法	11.10％	本件設備投資の内部利益率

上記の通り、本投資により単年度でおよそ11,050千円のフリーキャッシュフローの増加を見込んでおり、投資判定期間を6年、資本コストを5％と仮定した場合、正味現在価値は26,086千円に上り、割引回収期間は4.1年と見込んでおります。保守的に見積もって、本投資は経済的合理性に見合う投資と考えております。

したがって、融資後、確実に投資が行われたことを示す契約書や請求書の提出を求めたり、融資を行った金融機関を通じて、業者に代金を支払うことを求めることもある。

投資の経済性計算は、意思決定会計の差額原価・収益分析や将来キャッシュフローの見積もり（第5章）を応用したものである。このような資料が速やかに会社から出てくると、銀行の担当者も融資の稟議を書きやすく、融資の合理性を説明しやすくなる。

株式公開を視野に入れた資金調達

(1) ファンドからの調達

事業が順調に成長を続け、売上高や利益の増加が著しい場合、銀行からの借入金による資金調達だけでは、資金需要に追い付かない場合がある。そのような一部の優良企業は次のステージとして株式公開（ＩＰＯ＝Initial Public Offering）を視野に入れた資金調達を考えていくことになる。

会社に株式公開の可能性がなければ、エクイティファイナンスで増資をしようとしても資金の出し手は創業者社長や役員、その親族などに限られ、資金調達は銀行頼みにならざるをえない。しかし、売上や利益の成長率を総合的に判断して、株式公開の可能性が見えてくるとベンチャーキャピタル（以下、ＶＣ）から多額の出資を募ることができる。日本の場合、この株式公開の可能性がある企業に投資するＶＣは、政府系、金融機関系、事業会社系、独立系など数十社あり、創業間もないシードの段階から、株式公開が迫ったレイターステージまで、それぞれの投資スタンスで成長企業に投資し

図表6－8　ベンチャーキャピタルの投資ステージ

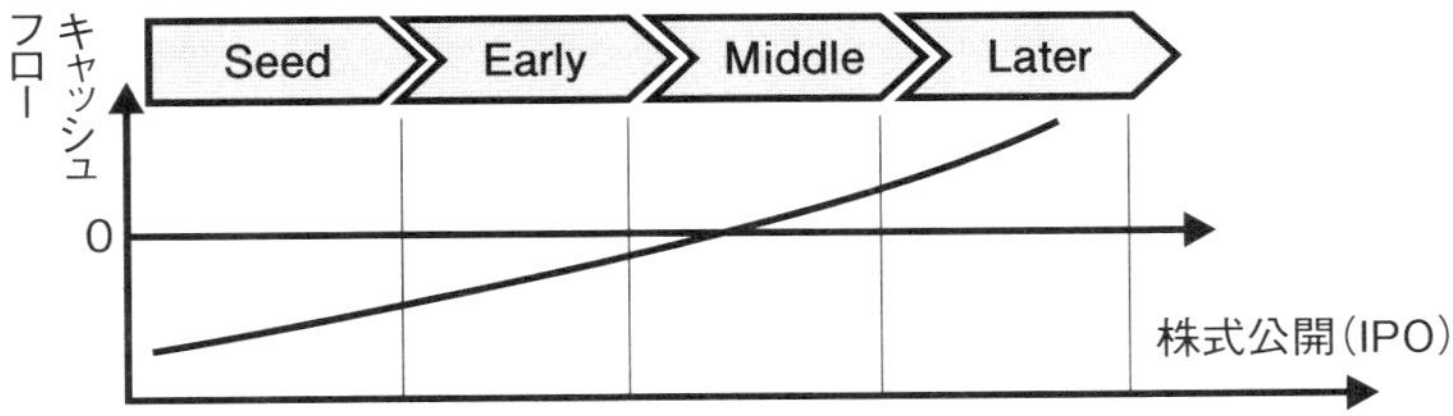

ステージ	事業の状態
Seed（シード）	創業直後で、将来有望なビジネスの種（シード）があるが、営業キャッシュフローがマイナスで投資が必要な段階
Early（アーリー）	ビジネスモデルを徐々に確立しつつあるが、十分な売上がなく、赤字を脱し切れていない段階
Middle（ミドル）	ビジネスが軌道に乗り始め、将来的に株式公開を目指す潜在能力が認められる段階
Later（レーター）	ビジネスが黒字化して、高い成長率を示しており、株式公開準備に入った段階

ている。彼らは基本的に投資した会社が株式公開し、保有株式を売却することを投資の回収手段（これを「ＥＸＩＴ（出口）」という）としている。しかし、現実は株式公開を道半ばであきらめざるをえない会社が大半であるため、50％～５００％程度の高いリターンを求めた投資活動を行う。ＶＣからの投資は通常1社当たり数千万円から1億円程度が多い。

一方で、ＶＣからの投資を受け入れるということは、それ以降、会社が株式公開を主目的として経営していくことを意味している。ＶＣによっては、ハンズオンといって、会社に取締役を送り込み、投資先の意思決定が株式公開に直結するようＶＣ自らが経営に関与する場合がある。そうなると、これまでの創業者社長が１００％の議決権を有していた時のような自由な経営はできなくなる。ＶＣから資金調達をするということは、同時に創業者社長の持株比率が低下することを意味するため、資本政策を誤ると、株主総会で特別決議（議決権の3分の2超が必要）や普通決議（議決権の過半数が必要）ができない事態を招きかねない。このためVCなど第三者に対する増資の場合は、議決権低下の割合と必要資金を天秤にかけて、最適なエクイティファイナンスを計画しなければならない。

(2)　レバレッジを効かす

VCからエクイティで多額の増資が払い込まれれば、それを「てこ」にデットファイナンスの調達も増額することができる。企業金融ではこれを、「レバレッジを効かせる」という。一般的にVCによる増資引受けで資本金が増強されれば、自己資本比率が高まり、またVCからの投資実績もプラス評価の材料となるから、金融機関からの与信枠は拡大する。これを利用して、金融機関から借入金の調達額を増やすのである。およその目安でいえば、VCからエクイティで調達した金額の2～3倍程度は新たな借入れが可能である。

(3)　メインバンク、準メインとの関係構築

この企業規模になると、デットファイナンスの状況も次第に変わってくる。企業規模が大きくなると、地銀・信金中心で活用してきた信用保証協会の「中小企業」のカテゴリーにおさまらなくなり、次第に信用保証協会の保証枠を使えなくなる。これは保証協会がそもそも、創業間もない中小企業の信用補完を目的とした公益法人であり、企業規模が中小企業でなくなれば、その保証を引き受けなく

なるためである。保証協会が考える「中小企業」の範囲は、業種ごとに資本金と従業員数で決められている。

こうなるとデットファイナンスにおいても、各銀行が自らのリスクで融資判断を行うプロパー融資が中心となる。銀行にしてみれば、信用保証協会の保証付き融資であれば、債権が焦げ付いても信用保証協会が肩代わりをしてくれるが、プロパー融資では全額が貸倒損失となるリスクがある。このためプロパー融資になると、銀行の融資審査は俄然、厳しいものになる。

このときに銀行団とうまく付き合っていくために重要となるのが、メインバンクの選択である。メインバンクとは、企業の借入残高の内、最も高いシェアを有している銀行をいい、二番手を準メインという。メインバンクとはインフォーマルな呼称で、その要件や役割が法律などで決まっているわけではないが、日本の企業金融においてメインバンクは、会社と最も親密に情報交換を行い、企業業績が悪化して資金繰りに窮した際には、一番にその企業継続を支える存在である。

銀行は借入残高のシェア割に強い興味を示すので、自行がメインバンクである会社は必ず認識しているし、高い関心を持って接している。非常の際には率先して助ける代わりに、平常時には振込や為替取引を自行に集約させて手数料収入を得たり、時には銀行から融資先に人を送り込んだりと、お互いの利害を調整している。融資先が上場企業であれば相互に株式を持ち合い、安定株主対策に使うこともある。

この段階になると、メインバンクとの関係を親密に保つことは極めて大切である。仮に業績が悪化して資金繰りが苦しい時に、メインバンク以外につなぎ融資を頼んでも、よほどのメリットがない限り、最初にメインバンクの支援なくして、他行が融資を引き受けてくれることはない。それどころか会社が窮境に陥って再生局面に入ると、「メイン寄せ」といって、自らの融資残高をメインバンクに肩代わりさせようとする。企業業績が悪化した場合にメインバンクが率先して、その支援を行うのは日本のデットファイナンスにおける「しきたり」のようなもので、日本の銀行はこの融資シェアにおける役割分担に極めて忠実である。

銀行取引において、特筆すべきは各銀行の行動パターンが驚くほど似ていることである。つまり、会社のメインバンクか、準メインか、ぶら下がり（準メイン未満）かという関係性を度外視すれば、銀行の融資判断にはほとんど差異がない。これは融資先が中小企業であれば、結局は信用保証協会の判断次第であり、プロパー融資になっても監督官庁である金融庁が示す「金融検査マニュアル」に従って融資先の債務者区分を判断をしているためである。

要するに過去の「護送船団方式」の名残が消えず、未だに融資判断が横並びであるため、ある銀行で融資審査に通らなければ、大抵はどの銀行に持っていっても通ることはないし、逆もまた然りである。それでも20銀行足繁く回れば、銀行や支店のその時の融資事情で、融資審査に通ることがある。このため普段からできるだけ多くの銀行に会社の情報を提供しておくことは大切である。

(4) 社債（私募債）

社債とは、デットファイナンスの一手法で、会社が資金調達のために発行する債券である。会社が一定規模以上になり、経営基盤が安定していると社債による資金調達も可能性がある。社債が借入金と大きく異なるのは、償還期限（3～10年程度）が決まっており、その償還期限までは一般的に元本返済を求められない点である。また、借入金の場合は担保か、保証が求められるのに対して、社債は担保提供がない「無担保社債」であることが多く、このため一定以上の信用がないと発行できない。株式公開前であっても、社歴が長く業績が安定しており、あえて株式公開を目指していないような会社は社債によって資金調達を行う場合がある。

ただし社債は、不特定多数の投資家を対象に発行する「公募債」と特定・少数の投資家を対象に発行する「私募債」に分類されるが、株式公開前に発行できるのは「私募債」がほとんどである。会社の業務内容を熟知しているメインバンクが中心となって私募債を引き受けることが多く、株式公開前の会社が「公募債」を発行するのは現実的ではない。これは「公募債」になると、社債発行にあたって、有価証券届出書や目論見書などの開示義務が発生し、審査も厳格になるため、未公開会社がこれを負担することは現実的に難しいためである。

株式公開後の資金調達

(1)　株式公開

会社が創業後、高い成長を維持し、証券取引所の定める一定の審査基準をクリアして証券取引所に上場し、広く投資家に出資を募ることを株式公開（ＩＰＯ＝Initial Public Offering）という。

日本には、規模で圧倒的に大きい東京証券取引所（東証）のほかに、名古屋証券取引所（名証）、福岡証券取引所（福証）、札幌証券取引所（札証）の４つの取引所がある。新興企業向けでは、東証がマザーズとジャスダックの２つの市場を運営しており、東証一部や東証二部と比べて、上場審査の形式基準（設立後の経過年数、上場時価総額、利益の額など）が緩和され、新興企業が株式公開しやすいように配慮されている。

株式の公開時には、「募集」と「売出し」の２つが行われ、「募集」が新たに新株を発行して資金調達を行うことであり、「売出し」は公開会社の創業者や役員らが保有する株式を市場に売り出し、株式公開によってキャピタルゲイン（持株の売却による利得）を得ることを目的としている。

株式公開を果たせば、その後も新株発行（ＰＯ＝Public Offering）によって、一般投資家に株式を発行し、資金調達を行うことができるため、企業の資金調達力は格段に高まる。それ以外にも、株式公開によって知名度が上がり、会社のブランド価値が向上し、取引の引き合いが増えたり、優秀な人材を採用できるなどのメリットがある。

しかしながら、株式公開は同時に不特定多数の投資家によって株式が売買されるため、投資家保護の観点から上場審査に求められる条件や上場後の情報開示も格段に厳しいものとなる。

(2)　社債（公募債）

株式公開して上場企業になると、社債においても不特定多数の投資家を対象として発行できる「公募債」による資金調達が可能である。公募債は私募債と異なり、一般投資家に向けて販売を行うため、高い信用力が必要であり、発行時に有価証券届出書や目論見書、その後も年度ごとに有価証券報告書の開示が義務付けられるなど、相当な事務コストの負担が求められる。

公募債の発行において重要な役割を果たすのが証券会社である。通常は新株の発行と同様に、中心的な役割を果たす「主幹事証券会社」を選定し、その他複数の「幹事証券会社」とともにシンジケート団（いわゆる「シ団」）を形成する。そして主幹事証券会社が中心となって、引受け審査や発行条件の決定、投資家の募集などを行っていく。

このように見ると、株式発行と変わらないようであるが、公募債の発行は一層、投資家保護が重視されている。例えば、「財務上の制限条項（コベナンツ条項）」というのがある。これは、社債権者を保護するために、発行企業の財務内容に一定の条件（純資産維持、利益維持、情報開示義務など）を課し、これを維持できない場合、償還期限前に元本償還を行うなどの発行条件を付けるのである。これら一連の投資家保護は、公募債を発行した会社の業績が悪化し、償還期限に社債を償還できないデフォルト（債務不履行）から投資家を事前に保護する目的である。

日本における過去最大の社債のデフォルトは２００１年のマイカルによる３５００億円のデフォルトであり、社債権者が大きな損失を被った。最近でも日本航空が６７０億円のデフォルトを出している。社債は、株主によるハイリスクの投資と異なり、ローリターンの債権であるため、基本的にデフォルト懸念のある会社は発行すべきではないという考えがある。

(3) 銀行取引の拡大

株式を公開して上場企業となれば、銀行からの借入れについても、その信用力を背景に選択肢が増加する。

① シンジケートローン

シンジケートローンとは、一つの銀行が単独ではなく、複数の銀行が協調してシンジケート団を形成し、同一の貸出条件で企業に貸出しを行う形態の借入れである。通常はメインバンクがアレンジャーといわれる主幹事銀行となってシンジケート団を募り、全体的なスキームの調整を図っていく。シンジケートローンは元々、単独で引き受けるにはリスクが高いプロジェクトや、調達額が多額に上る企業買収などに際して、一銀行の融資リスクをヘッジするため、複数の銀行が協調するものであった。このため通常は大規模な資金調達を必要とする上場企業が対象となる。しかし、近年は株式公開前であっても、一定の信用力があれば、銀行が協調してシンジケートローンを組む場合も見かけるようになってきた。

② コミットメントライン

コミットメントラインとは、会社が銀行との間で事前に融資を受ける限度額を定めておき、その限度額内であれば契約期間中、自由に借入れを行うことができる形態の借入れである。銀行が一定の金額を一定の期間貸し出すことを約するため、コミットメントラインと呼ばれる。一見、銀行取引の当座借越契約に類似しているが、コミットメントラインは原則として担保提供を必要としない点と、限度額が格段に大きい点が異なる。というのもコミットメントラインの対象会社は、「特定融資枠契約に関する法律」で認められる会社であることから、対象会社が一定規模以上の大企業となる。

また、コミットメントラインには、一銀行と相対で行うバイラテラル方式とシンジケートローンを利用し、複数の銀行が協調してこれに応じるシンジケート方式の2つがあるが、実際はシンジケート方式が主流である。これはコミットメントラインは大企業の利用が多く、一行で融資の全額を負担するリスク分散を目的に組成されることが多いためである。

企業にしてみれば、事前に契約を済ませれば、その限度額の範囲で迅速に資金調達をすることができ、運転資金のバックアップとしては非常に使い勝手がよい。一時的な運転資金の減少に備えて、常に一定額の手元資金を保有しておく必要がなく、貸借対照表がスリム化される。

一方で、コミットメントラインの利用においては、支払利息以外に、コミットメントフィーが発生する。これは銀行がコミットする貸出限度額の設定に対して支払うフィーであるため、実際に借入れを行わなくても発生することが一般的である。

経営危機とデットファイナンス

会社がデットファイナンスで資金調達をしている状況で、経営状態が窮境に陥った場合、約定弁済を守れないことがある。会社としては最も回避すべき債務不履行であるが、そのようなデフォルト時に、銀行が即刻、融資先を倒産させるかといえばそうではない。少しでも債権の回収率を高めるために、銀行がよく取る救済法がいくつかある。

会社の窮境は、大抵の場合、借入金の返済期日に金銭消費貸借契約で約定した通りの弁済がなされないことから顕在化する。その場合、メインバンクが中心となって取引銀行を取りまとめ、融資先に対して支援策を講じることになる。

(1) 金利減免

金利減免は約定弁済金額のうち、貸出金利の支払いを猶予・減免するもので、金利部分を除けば、元本の返済は行えるという、比較的に不採算の程度が軽い場合に取られる支援策である。銀行にしてみれば、貸出金利の部分は免除してでも、元本部分の返済だけは確実にして貸倒れを回避したい。このため貸出金利を放棄して、元本の回収を優先するのである。

(2) 弁済時期の見直し（リスケジューリング）

弁済時期の見直しは、通称「リスケジューリング（リスケ）」といわれ、当初、融資先と金銭消費貸借契約で約した返済予定を見直すものである。融資先が現実的に月々弁済できる金額を検証し、その返済金額をもとに返済計画の見直しを図る。結果的に、借入金の返済終了時期は当初より長期化することになる。このリスケが、金融機関による融資先の支援方法としては最も件数が多いと思われる。

支援策がリスケになる場合は、中小企業再生支援協議会や経営革新等支援機関を活用して、公認会計士などの専門家が参画し、融資先の財政状態や経営成績、窮境に至った原因、今後の返済可能額などの調査を行うことが多い。こうして策定された経営改善計画書に基づき、メインバンクがリスケの計画を取りまとめ、取引金融機関と返済条件の見直しを行う。

(3)　債権放棄

債権放棄は、現実的に融資先が借入金の全額を弁済することが困難と認められる場合に、金融機関がその貸付金の一部（又は全部）を債権放棄するものである。これは金融機関にとって、債権放棄した貸付金が回収不能になることを意味するから、よほどの条件が揃わないと、普通は実行されない。

貸付金の一部をあきらめることにより、残る貸付金の回収可能性が著しく増すとか、融資先の事業規模や貸付金額が巨額すぎて、融資先が倒産すると、連鎖倒産を招くような場合である。しかし、金融機関にしても軽々に債権放棄を認める実績を残したくはない。このため債権放棄を認める場合でも、実質的かつ抜本的な再生計画（「実抜計画」といわれる）を策定し、経営責任を追及して、経営陣の交代を迫る。さらには、銀行から財務担当の取締役を出向させるなど、債権者によるガバナンスの様相が強くなる。

アセットファイナンス

これまでは会社がエクイティファインナスやデットファイナンスで資金調達を行う方法を見てきた。これは貸借対照表でいえば、右側（会計では「貸方」）、すなわち資金の調達額を直接的に増加させる手法であり、総資産が増加する。

これに加えて、近年は会社が保有する資産を有効活用して、資金調達につなげるアセットファインナンスといわれる手法が充実してきている。かつては、資産と資金調達の関係でいえば、借入金の担保として、会社が保有する土地、建物などの不動産に抵当権を設定したり、得意先から回収した受取手形を銀行で割り引いて、支払期日前に資金化するなど、その資産の活用方法は限られていた。しかし、近年は売上債権を売却したり、リース取引を効率的に活用するなど、資産を有効活用してファイナンスする手法が整備されてきている。

(1) 売上債権のファクタリング

ファクタリングとは、得意先に対する売上債権を金融機関（ファクタリング会社）に売却することによって、本来の売上債権の回収期日よりも前に資金化する手法である。売上債権は、得意先に掛売りした売掛金で「月末締日後、90日後払い」というように得意先ごとに回収条件の取り決めがある。

従来は売上債権といえば、受取手形による回収が主流であり、手形であれば、裏書きして支払いに回したり、銀行で割り引くなど、期日前に資金化することが可能であった。しかし近年は、手形発行事務の煩雑さ、手形紛失のリスク回避などを理由に手形決済は減少している。それに代わって、売掛金による期日一括払いが主流となり、相対的に売上債権の回収期間は短期化している。しかし、売掛金は、受取手形のように期日前の資金化が制度化されていないので、これをファクタリング会社に売却して、早期に資金化するのである。

売掛金を資金化したい依頼企業は、売掛金をファクタリング会社に売却したい旨を得意先に通知し、得意先の承諾を得て、ファクタリング会社に債権を売却する。ファクタリング会社は売掛債権の対価として、依頼企業に現金を支払う。この際、支払期日までの金利と手数料が差し引かれる点は、手形の割引きと同様である。その後，ファクタリング会社は，支払期日に得意先から当該債権を回収する。

ファクタリングには，ファクタリング会社が買い取った債権がデフォルトした際に，依頼企業に償還請求権を有する「リコース型」と，買い取った債権がデフォルトしても債権の償還請求権を有さない「ノンリコース型」の2種類があり，「ノンリコース型」のほうがファクタリング会社の貸倒リスクが高いため，手数料は高くなる。

ファクタリングは，売掛金の譲渡にあたって，得意先の承諾が必要であるから，手形の割引きに比べて，使い勝手が悪いことも事実である。しかし，継続的に多額の取引がある得意先の理解が得られれば，売上債権を早期に資金化することが可能となる。

(2)　固定資産のセール&リースバック

会社が保有する土地，建物，機械装置などの固定資産は，通常，長期にわたって企業利益の獲得に貢献することを目的に保有されている。この点が販売することを目的に保有する棚卸資産とは異なる。したがって固定資産を売却してしまえば，事業継続に支障をきたすため，通常はこれを売却することはない。ただし一度売却しても，同じ固定資産をリース取引により引き続き使用できれば，事業を継続する上での問題は解消される。セール&リースバックとは，固定資産をリース会社に売却して資金化した後に，同じ物件をリースバックすることで，継続して使用する一連の取引をいう。

例えば，会社の工場の建物，機械装置を10億円でリース会社に売却し，それを5年でリースバックすれば，売却時には10億円のキャッシュインがあり，その後，5年間にわたって2億円に手数料・金利を加算したリース料を支払うことになる。５年間のトータルで見れば、固定資産を保有し続ける場合に比べて、手数料と金利のキャッシュアウト相当が不利となる。このためセール＆リースバックは、一時的に多額のキャッシュが必要な場合や、遊休となる見込みの資産を段階的に整理して貸借対照表のスリム化を図る場合に活用される。

本章のまとめ

会社が思うように経営活動を進めようとすれば、デットファイナンス、エクイティファイナンス、アセットファイナンスと系統の異なる手法を駆使して、投資資金や運転資金を調達しなければならない。日本企業の場合、会社の規模に応じて、とりうる資金調達の方法は異なり、創業初期は金融機関中心のデットファイナンスにならざるをえない。そのため金融機関に対する説明責任や信頼関係の構築は重要となる。

企業規模が拡大するにつれて、エクイティファイナンスによる資金調達へと選択肢は拡がっていくが、その分、株主に対する説明責任も大きくなるから、その説明責任を果たせるよう経営管理を充実させていくことが会社の責任である。

会計参謀（ＣＦＯ）は、会社の規模や資金使途に応じて、最適な資金調達を実行し、決してデフォルトを起こさないように、慎重に資金繰りを回していかねばならない。それは会社を存続させるための最優先課題である。

おわりに

長らく低成長の時代といわれるが、私は結局のところ、日本企業は経営に対する「姿勢」次第で再び高い利益を上げげて、世界経済を牽引する存在になれると考えており、「会計を戦略に活用する」というコンセプトはそのために大きな意味を持つと言いたいのである。日本人が物づくり、いわゆる製造業に秀でた国民的資質を有していることは、もはや疑いの余地がない。またサービス業においても「察し」や「遠慮」をコミュニケーションの常としている日本人は、高いサービスレベルに到達できる。ただしその反面として、時折、精神論に傾いて執着が過ぎたり、調和を乱してまで早期に問題に対処することが不得意でもある。

もちろん経営における会計の重要性を認識し、高い環境適応力を有する日本企業も多くある。その上で日本企業が、全般的にもう一歩高いレベルで会計を戦略に応用できれば、日本の良い資質を活かしながら、同時に弱点を補完することができる。それは経営におけるスピードや適応力を高めることにつながる。本書が少しでもその役割を果たすことができれば、欣幸の至りである。

本書を書き終えてあらためて感じることは、本書は、私がこれまで関与した多くの企業から学んだり、感じた内容が源流にあり、私というフィルターを通して、それを体系的に整理整頓したに過ぎないということである。そういう意味で本書は、経営や会計の実務に関する私の経験の集大成であり、ルポルタージュともいえる。そのような知見を得る機会を与えてくれた多くの企業に深謝したい。

そして本書のコンセプトを評価してくださり、企画書を見て即座に出版を決めてくださった中央経済社と会計編集部の飯田宣彦氏に感謝したい。特に飯田氏には、私がこれまでの会計書では異例の縦書きにしたいとか、装幀はこうしたいとか、多くの無理難題を言ったが、その挑戦的な試みに理解を示してくださった。深くお礼を申し上げる。

最後に、いくつも仕事を抱えながら執筆の期限に追われる私をサポートし、また会計の門外漢であるにもかかわらず、原稿をレビューして、ニュートラルな視点から多くの気づきを与えてくれた妻と、遊んでほしいのを我慢し、書斎の入り口で執筆が終わるのを待っていてくれた愛娘に、心から感謝したい。

芦屋の自宅にて

2016年6月

谷口　学

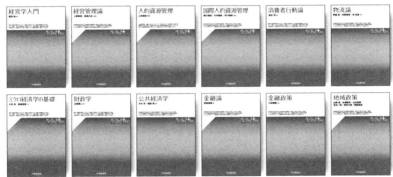

【著者紹介】

谷 口 学（たにぐち さとし）

公認会計士

1973年 京都市生まれ

1997年 太田昭和監査法人（現 新日本有限責任監査法人）入所

監査業務、株式公開支援、財務デューデリジェンス、企業価値評価などに従事

1998年 神戸大学大学院経営学研究科博士前期課程修了

2003年 三洋電機株式会社入社

本社戦略部門にて戦略立案業務、再生計画の策定、M&A業務に従事

2006年 立命館大学大学院経営管理研究科准教授就任

実務家教員として財務諸表論、管理会計ケーススタディ、ゼミナールなどの講義を担当

現在は、監査業務のほか、社外取締役、財務顧問、コンサルティング業務を行う

会計参謀

—会計を戦略に活用する

2016年6月20日 第1版第1刷発行

2017年3月25日 第1版第22刷発行

著者 谷 口 学

発行者 山 本 継

発行所 ㈱ 中 央 経 済 社

発売元 ㈱中央経済グループパブリッシング

〒101-0051 東京都千代田区神田神保町1-31-2

電話 03（3293）3371（編集代表）

03（3293）3381（営業代表）

http://www.chuokeizai.co.jp/

印刷／三 英 印 刷 ㈱

製本／㈱関 川 製 本 所

＊頁の「欠落」や「順序違い」などがありましたらお取り替えいたしますので発売元までご送付ください。（送料小社負担）

ISBN978-4-502-19211-1 C3034